EXPOSITION UNIVERSELLE INTERNATIONALE

DE 1878, À PARIS.

CATALOGUE OFFICIEL

PUBLIÉ

PAR LE COMMISSARIAT GÉNÉRAL.

TOME VII.

CONCOURS D'ANIMAUX VIVANTS.

ESPÈCES CHEVALINE ET ASINE.

PARIS.

IMPRIMERIE NATIONALE.

M DCCC LXXVIII.

CATALOGUE OFFICIEL

PUBLIÉ

PAR LE COMMISSARIAT GÉNÉRAL.

TOME VII.

EXPOSITION UNIVERSELLE INTERNATIONALE

DE 1878, À PARIS.

CATALOGUE OFFICIEL

PUBLIÉ

PAR LE COMMISSARIAT GÉNÉRAL.

TOME VII.

CONCOURS D'ANIMAUX VIVANTS.

ESPÈCES CHEVALINE ET ASINE.

PARIS.

IMPRIMERIE NATIONALE.

M DCCC LXXVIII.

AVERTISSEMENT.

Le catalogue général officiel de 1878 se compose de huit volumes :

1er volume. OEuvres d'art (groupe I), sections française et étrangères.

2e volume. Section française, France (groupes II à VI).

3e volume. Section française, France (groupes VII à IX) ; — Algérie et colonies françaises (groupes I à IX).

4e et 5e volumes. Sections étrangères (groupes II à IX).

6e volume. Sections historiques, française et étrangères.

7e volume. Concours d'animaux vivants et d'horticulture.

8e volume. Table alphabétique générale.

Ces huit volumes sont vendus ensemble ou séparément. Réunis, ils forment un catalogue complet comprenant tous les exposants et tous les produits.

Pour la France, la liste des exposants de chaque classe est précédée d'une notice rédigée sous la responsabilité du commissariat général et destinée à procurer aux visiteurs des indications succinctes qui leur permettent de se rendre un compte sommaire de l'industrie de la classe.

Les puissances étrangères avaient été invitées à fournir les éléments de notices analogues ; le temps a malheureusement manqué à la plupart d'entre elles, et pour quelques-unes seulement on a pu établir un exposé sommaire de l'état des diverses industries.

Les listes des exposants sont dressées par classe suivant l'ordre alphabétique ; dans l'article consacré à chaque exposant, on trouve le nom et les prénoms, l'adresse commerciale, l'indication sommaire des objets exposés, le numéro de l'emplacement qu'ils occupent dans la classe. La série des numéros recommence pour chaque nation et pour chaque classe ou chaque groupe, suivant l'importance du nombre des exposants. Quelquefois même, lorsque le nombre des exposants est peu considérable, il n'y a qu'une seule série de numéros par nation. Leur succession correspond d'ailleurs à la succession des places dans les galeries réservées aux différentes classes, de telle sorte que le visiteur sait toujours dans quel sens il doit se diriger pour trouver l'exposition qu'il désire voir.

Les listes d'exposants ont été arrêtées par les comités d'admission, qui ont fourni à l'Administration tous les éléments nécessaires à leur rédaction.

Pour la section française, la notice sommaire de chaque classe est en outre précédée de l'indication des diverses parties des palais et parcs où sont répartis les exposants de la classe et des numéros compris dans chacun de ces divers emplacements.

EXPOSITION UNIVERSELLE INTERNATIONALE

DE 1878, À PARIS.

EXPOSITION DES ESPÈCES CHEVALINE ET ASINE,

(CLASSE 77.)

LISTE DU JURY.

MM. DESBONS, président de la Société des courses de Tarbes, à Maubourguet (Hautes-Pyrénées), PRÉSIDENT DE LA COMMISSION.

AYRAUD, vétérinaire, à Fontenay-le-Comte (Vendée).
BASSERIE, commandant de circonscription de remonte, à Caen (Cal
vados).
BATARD, propriétaire éleveur, maire de Saint-Gervais (Vendée).
BOULEY jeune, vétérinaire, à Paris.
DE LA CHARME, éleveur, à Paris.
CIROTTEAU, vétérinaire, à Poitiers (Vienne).
le marquis DE DAMPIERRE, membre du Conseil supérieur des haras, au
château de Plassac (Charente-Inférieure).
DELACOUR, membre du Conseil supérieur des haras, à Creully (Cal-
vados).
DU DOUET, commissaire des courses de Fécamp, au Redon (Seine-Infé-
rieure).
DROZ, commandant de circonscription de remonte, à Tarbes (Hautes-
Pyrénées).
le vicomte DE FORSANZ, sénateur, président de la Société hippique de
Lesneven, au château des Isles (Finistère).
DE FOURMENT, propriétaire, à Frévent (Pas-de-Calais).

MM. GAUVREAU, propriétaire éleveur, à Angles (Vendée).

Guiet, propriétaire éleveur, à la Roche-sur-Yon (Vendée).

le comte D'Hespel, sénateur, membre du Conseil supérieur des haras, à Haubourdin (Nord).

D'Iquelov, président de la Société centrale d'agriculture, à Rouen (Seine-Inférieure).

Jobard, sénateur, président du comité d'admission, à Gray (Haute-Saône).

le comte de Juigné, député, au château de Bois-Rouault (Loire-Inférieure).

le comte de Lagrange, à Paris.

le baron de la Rochette, membre du Conseil supérieur des haras, au château de la Rochette (Seine-et-Marne).

de la Roque-Ordan fils, président de la Société des courses d'Auch, à la Roque-Ordan (Gers).

le général de Laveaucoupet, membre du Conseil supérieur des haras, à Dun (Creuse).

Léaux, commandant de dépôt de remonte, à Fontenay le-Comte (Vendée).

Le Blanc, vétérinaire, à Paris.

le comte Le Couteulx de Canteleu, membre du Conseil supérieur des haras, au château de Saint-Martin (Eure).

Lefort, commandant de circonscription de remonte, à Mâcon (Saône-et-Loire).

Magniez, député, à Ytres (Somme).

Maichin père, au château de Vernon (Vienne).

Moreau-Chaslon, administrateur de la Compagnie générale des omnibus, à Paris.

de Parcevaux, directeur du dépôt d'étalons de la Roche-sur-Yon (Vendée).

du Plessis, inspecteur général des haras, à Paris.

le général de Quélen, à Cesny-aux-Vignes (Calvados).

Beaudoin, président de la Société des courses de Vire, à Vire (Calvados).

Reynal, directeur de l'école d'Alfort (Seine).

Roederer, au château de Bois-Roussel (Orne).

le vicomte de Saint-Pierre, sénateur, à Paris.

le marquis de Saint-Vallier, président de la Société des courses de Laon, au château des Eppes (Aisne).

Saulnier, membre du conseil d'arrondissement de Vienne (Isère).

le comte de Sesmaisons, conseiller général de la Manche.

Swiney, député du Finistère.

de Vanteaux, membre du Conseil supérieur des haras, à Saint-Jean-Ligoure (Haute-Vienne).

le duc de Vicence, au château de Caulaincourt (Aisne).

Yver, président de la Société des courses de Saint-Lô.

JURÉS ÉTRANGERS.

Angleterre. — M.

Belgique. — M. Lippens (E.).

Hongrie. — M. Tisza (L.).

Italie. — M.

Russie. — M. le général Popoff.

Indépendamment de ces jurés nommés par M. le Ministre de l'agriculture et du commerce, la commission sera complétée par d'autres membres à l'élection de MM. les exposants.

Enfin des jurés étrangers seront nommés par M. le Ministre de l'agriculture et du commerce proportionnellement au nombre des chevaux amenés sur le terrain.

Les désignations forcément tardives des uns et des autres ne permettent pas de les faire figurer sur cette liste.

COMMISSARIAT.

MM. Baron du Taya, directeur des haras, chargé de l'exposition universelle des espèces chevaline et asine.

de Beauvert, chef du service.

Collin, sous-chef.

COMITÉ CENTRAL D'INSTALLATION.

MM. de Cormette, inspecteur général des haras, président.

Allaire, inspecteur général des haras.

Carré-Kérisouet, conseiller général des Côtes du-Nord.

Corbin, président du comice agricole de Bourges.

de Cugnac, directeur de l'école de dressage de Rochefort.

de la Motte, inspecteur général des haras.

de la Motte-Rouge, directeur du dépôt d'étalons de Lamballe.

Lavalard, directeur de la cavalerie et des fourrages, à la Compagnie générale des omnibus.

de Pardieu, directeur du dépôt d'étalons du Pin.

Plazen, directeur du dépôt d'étalons de Blois.

Signol, vétérinaire, à Paris.

le comte de Vigneral, président de la Société normande d'encouragement.

Wéber, vétérinaire, à Paris.

SERVICE MÉDICAL ET VÉTÉRINAIRE.

MM. Ramond, docteur-médecin, chef du service médical.
Trois médecins.

Garcin, vétérinaire, chef du service vétérinaire.
Trois vétérinaires.

PRÉPOSÉ AU SERVICE DES FOURRAGES.

M. Hornez, sous-directeur du dépôt d'étalons de Compiègne.

EXPOSITION UNIVERSELLE INTERNATIONALE

DE 1878, À PARIS.

ANNEXE
AU RÈGLEMENT GÉNÉRAL.

DISPOSITIONS SPÉCIALES
AUX EXPOSANTS FRANÇAIS ET ÉTRANGERS
DU GROUPE DES ANIMAUX VIVANTS.

CLASSE 77.

ESPÈCES CHEVALINE ET ASINE.

ARTICLE PREMIER. — Une exposition chevaline et asine d'animaux reproducteurs aura lieu à Paris, en 1878, du 1ᵉʳ au 10 septembre.

ART. 2. — Les catégories d'animaux et les primes à décerner sont fixées conformément au tableau ci-après :

1ʳᵉ catégorie. — Étalons de pur sang arabe, de 3 ans et au-dessus, 3,000 francs.

1ʳᵉ prime, une médaille d'or et 1,200 francs; — 2ᵉ prime, une médaille d'argent et 1,000 francs; — 3ᵉ prime, une médaille de bronze et 800 francs.

2ᵉ catégorie. — Juments de pur sang arabe, de 3 ans et au-dessus, 2,400 francs.

1ʳᵉ prime, une médaille d'or et 1,000 francs; — 2ᵉ prime, une médaille d'argent et 800 francs; — 3ᵉ prime, une médaille de bronze et 600 francs.

3ᵉ catégorie. — Étalons de pur sang anglais, de 3 ans et au-dessus, 3,000 francs.

1ʳᵉ prime, une médaille d'or et 1,200 francs; — 2ᵉ prime, une médaille d'argent et 1,000 francs; — 3ᵉ prime, une médaille de bronze et 800 francs.

4ᵉ catégorie. — Juments de pur sang anglais, de 3 ans et au-dessus, 2,400 francs.

1ʳᵉ prime, une médaille d'or et 1,000 francs; — 2ᵉ prime, une médaille d'argent et 800 francs; — 3ᵉ prime, une médaille de bronze et 600 francs.

5ᵉ catégorie [1]. — Étalons de pur sang anglo-arabe, de 3 ans et au-dessus, 3,000 francs.

1ʳᵉ prime, une médaille d'or et 1,200 francs; — 2ᵉ prime, une médaille d'argent et 1,000 francs; — 3ᵉ prime, une médaille de bronze et 800 francs.

6ᵉ catégorie [1]. — Juments de pur sang anglo-arabe, de 3 ans et au-dessus, 2,400 francs.

1ʳᵉ prime, une médaille d'or et 1,000 francs; — 2ᵉ prime, une médaille d'argent et 800 francs; — 3ᵉ prime, une médaille de bronze et 600 francs.

7ᵉ catégorie. — Étalons de races propres à l'attelage de luxe, âgés de 3 ans (taille de 1ᵐ,63 et au-dessus), 7,200 francs.

Trois 1ʳᵉˢ primes. — Une médaille d'or et 1,000 francs ; 3,000 francs.
Trois 2ᵉˢ primes. — Une médaille d'argent et 800 francs ; 2,400 francs.
Trois 3ᵉˢ primes. — Une médaille de bronze et 600 francs ; 1,800 francs.

8ᵉ catégorie. — Juments de races propres à l'attelage de luxe, âgées de 3 ans (taille de 1ᵐ,63 et au-dessus), 5,400 francs.

Trois 1ʳᵉˢ primes. — Une médaille d'or et 800 francs; 2,400 francs;
Trois 2ᵉˢ primes. — Une médaille d'argent et 600 francs ; 1,800 francs.
Trois 3ᵉˢ primes. — Une médaille de bronze et 400 francs ; 1,200 francs.

9ᵉ catégorie. — Étalons de races propres à l'attelage de luxe, âgés de 4 ans et au-dessus (taille de 1ᵐ,63 et au-dessus), 7,200 francs.

Trois 1ʳᵉˢ primes. — Une médaille d'or et 1,000 francs ; 3,000 francs.
Trois 2ᵉˢ primes. — Une médaille d'argent et 800 francs ; 2,400 francs.
Trois 3ᵉˢ primes. — Une médaille de bronze et 600 francs ; 1,800 francs.

10ᵉ catégorie. — Juments de races propres à l'attelage de luxe, âgées de 4 ans et au dessus (taille de 1ᵐ,63 et au dessus), 5,400 francs.

Trois 1ʳᵉˢ primes. — Une médaille d'or et 800 francs ; 2,400 francs.
Trois 2ᵉˢ primes. — Une médaille d'argent et 600 francs; 1,800 francs.
Trois 3ᵉˢ primes. — Une médaille de bronze et 400 francs; 1,200 francs.

11ᵉ catégorie. — Étalons de races propres à l'attelage de luxe, âgés de 3 ans (taille au-dessous de 1ᵐ,63), 7,200 francs.

Trois 1ʳᵉˢ primes. — Une médaille d'or et 1,000 francs; 3,000 francs.
Trois 2ᵉˢ primes. — Une médaille d'argent et 800 francs; 2,400 francs.
Trois 3ᵉˢ primes. — Une médaille de bronze et 600 francs; 1,800 francs.

[1] Seront considérés comme pur sang anglo-arabes les chevaux qui auront dans leur origine au moins un grand-père ou une grand'mère arabe pur, les autres ascendants étant tous de pur sang anglais. Les chevaux de pur sang dans l'origine desquels le reproducteur arabe serait plus éloigné que la deuxième génération rentreront dans la catégorie du pur sang anglais.

12ᵉ catégorie. — Juments de races propres à l'attelage de luxe, âgées de 3 ans (taille au-dessous de 1ᵐ,63), 5,400 francs.

Trois 1ʳᵉˢ primes. — Une médaille d'or et 800 francs; 2,400 francs.

Trois 2ᵉˢ primes. — Une médaille d'argent et 600 francs; 1,800 francs.

Trois 3ᵉˢ primes.— Une médaille de bronze et 400 francs; 1,200 francs.

13ᵉ catégorie. — Étalons de races propres à l'attelage de luxe, âgés de 4 ans et au-dessus (taille au-dessous de 1ᵐ,63), 7,200 francs.

Trois 1ʳᵉˢ primes. — Une médaille d'or et 1,000 francs; 3,000 francs.

Trois 2ᵉˢ primes. — Une médaille d'argent et 800 francs; 2,400 francs.

Trois 3ᵉˢ primes. —Une médaille de bronze et 600 francs; 1,800 francs.

14ᵉ catégorie. — Juments de races propres à l'attelage de luxe, âgées de 4 ans et au-dessus (taille au-dessous de 1ᵐ,63), 5,400 francs.

Trois 1ʳᵉˢ primes. — Une médaille d'or et 800 francs; 2,400 francs.

Trois 2ᵉˢ primes. — Une médaille d'argent et 600 francs; 1,800 francs.

Trois 3ᵉˢ primes. —Une médaille de bronze et 400 francs; 1,200 francs.

15ᵉ catégorie. — Étalons de races propres à la selle, âgés de 3 ans (taille de 1ᵐ,55 et au-dessus), 7,200 francs.

Trois 1ʳᵉˢ primes. — Une médaille d'or et 1,000 francs; 3,000 francs.

Trois 2ᵉˢ primes. — Une médaille d'argent et 800 francs; 2,400 francs.

Trois 3ᵉˢ primes. — Une médaille de bronze et 600 francs; 1,800 francs.

16ᵉ catégorie. — Juments de races propres à la selle, âgées de 3 ans (taille de 1ᵐ,55 et au-dessus), 5,400 francs.

Trois 1ʳᵉˢ primes. — Une médaille d'or et 800 francs; 2,400 francs.

Trois 2ᵉˢ primes. — Une médaille d'argent et 600 francs; 1,800 francs.

Trois 3ᵉˢ primes. — Une médaille de bronze et 400 francs; 1,200 francs.

17ᵉ catégorie. — Étalons de races propres à la selle, âgés de 4 ans et au dessus (taille de 1ᵐ,55 et au-dessus), 7,200 francs.

Trois 1ʳᵉˢ primes. — Une médaille d'or et 1,000 francs; 3,000 francs.

Trois 2ᵉˢ primes. — Une médaille d'argent et 800 francs; 2,400 francs.

Trois 3ᵉˢ primes. — Une médaille de bronze et 600 francs; 1,800 francs.

18ᵉ catégorie. — Juments de races propres à la selle, âgées de 4 ans et au-dessus (taille de 1ᵐ,55 et au-dessus), 5,400 francs.

Trois 1ʳᵉˢ primes. — Une médaille d'or et 800 francs; 2,400 francs.

Trois 2ᵉˢ primes. — Une médaille d'argent et 600 francs; 1,800 francs.

Trois 3ᵉˢ primes. — Une médaille de bronze et 400 francs; 1,200 francs.

19ᵉ catégorie. — Étalons de races propres à la selle, âgés de 3 ans (taille de 1ᵐ,47 et au-dessous de 1ᵐ,55), 6,300 francs.

Trois 1ʳᵉˢ primes. — Une médaille d'or et 900 francs; 2,700 francs.

Trois 2ᵉˢ primes. — Une médaille d'argent et 700 francs; 2,100 francs.

Trois 3ᵉˢ primes. — Une médaille de bronze et 500 francs; 1,500 francs.

20ᵉ catégorie. — Juments de races propres à la selle, âgées de 3 ans (taille de 1ᵐ,47 et au-dessous de 1ᵐ,55), 4,500 francs.

Trois 1ʳᵉˢ primes. — Une médaille d'or et 700 francs; 2,100 francs.
Trois 2ᵉˢ primes. — Une médaille d'argent et 500 francs; 1,500 francs.
Trois 3ᵉˢ primes. — Une médaille de bronze et 300 francs; 900 francs.

21ᵉ catégorie. — Étalons de races propres à la selle, âgés de 4 ans et au-dessus (taille de 1ᵐ,47 et au-dessous de 1ᵐ,55), 6,300 francs.

Trois 1ʳᵉˢ primes. — Une médaille d'or et 900 francs; 2,700 francs.
Trois 2ᵉˢ primes. — Une médaille d'argent et 700 francs; 2,100 francs.
Trois 3ᵉˢ primes. — Une médaille de bronze et 500 francs; 1,500 francs.

22ᵉ catégorie. — Juments de races propres à la selle, âgées de 4 ans et au-dessus (taille de 1ᵐ,47 et au dessous de 1ᵐ,55), 4,500 francs.

Trois 1ʳᵉˢ primes. — Une médaille d'or et 700 francs; 2,100 francs.
Trois 2ᵉˢ primes. — Une médaille d'argent et 500 francs; 1,500 francs.
Trois 3ᵉˢ primes. — Une médaille de bronze et 300 francs; 900 francs.

23ᵉ catégorie. — Étalons poneys, âgés de 3 ans et au-dessus (taille au-dessous de 1ᵐ,47), 1,200 francs.

1ʳᵉ prime, une médaille d'or et 600 francs; — 2ᵉ prime, une médaille d'argent et 400 francs; — 3ᵉ prime, une médaille de bronze et 200 francs.

24ᵉ catégorie. — Juments poneys, âgées de 3 ans et au-dessus (taille au-dessous de 1ᵐ,47), 800 francs. .

1ʳᵉ prime, une médaille d'or et 400 francs ; — 2ᵉ prime, une médaille d'argent et 250 francs ; — 3ᵉ prime, une médaille de bronze et 150 francs.

25ᵉ catégorie. — Étalons de trait, âgés de 3 ans (taille de 1ᵐ,63 et au-dessus), 5,400 francs.

Trois 1ʳᵉˢ primes. — Une médaille d'or et 800 francs; 2,400 francs.
Trois 2ᵉˢ primes. — Une médaille d'argent et 600 francs; 1,800 francs.
Trois 3ᵉˢ primes. — Une médaille de bronze et 400 francs; 1,200 francs.

26ᵉ catégorie. — Juments de trait, âgées de 3 ans (taille de 1ᵐ,63 et au-dessus), 3,600 francs.

Trois 1ʳᵉˢ primes. — Une médaille d'or et 600 francs; 1,800 francs.
Trois 2ᵉˢ primes. — Une médaille d'argent et 400 francs; 1,200 francs.
Trois 3ᵉˢ primes. — Une médaille de bronze et 200 francs; 600 francs.

27ᵉ catégorie. — Étalons de trait, âgés de 4 ans et au-dessus (taille de 1ᵐ,63 et au-dessus), 5,400 francs.

Trois 1ʳᵉˢ primes. — Une médaille d'or et 800 francs; 2,400 francs.
Trois 2ᵉˢ primes. — Une médaille d'argent et 600 francs; 1,800 francs.
Trois 3ᵉˢ primes. — Une médaille de bronze et 400 francs; 1,200 francs.

28ᵉ catégorie. — Juments de trait, âgées de 4 ans et au-dessus (taille de 1ᵐ,63 et au-dessus), 3,600 francs.

Trois 1ʳᵉˢ primes. — Une médaille d'or et 600 francs; 1,800 francs.
Trois 2ᵉˢ primes. — Une médaille d'argent et 400 francs ; 1,200 francs.
Trois 3ᵉˢ primes. — Une médaille de bronze et 200 francs; 600 francs.

29ᵉ catégorie. — Étalons de trait, âgés de 3 ans (taille inférieure à 1ᵐ,63), 3,600 francs.

Trois 1ʳᵉˢ primes. — Une médaille d'or et 600 francs ; 1,800 francs.
Trois 2ᵉˢ primes. — Une médaille d'argent et 400 francs ; 1,200 francs.
Trois 3ᵉˢ primes. — Une médaille de bronze et 200 francs ; 600 francs.

30ᵉ catégorie. — Juments de trait, âgées de 3 ans (taille inférieure à 1ᵐ,63), 2,400 francs.

Trois 1ʳᵉˢ primes. — Une médaille d'or et 400 francs ; 1,200 francs.
Trois 2ᵉˢ primes. — Une médaille d'argent et 250 francs ; 750 francs.
Trois 3ᵉˢ primes. — Une médaille de bronze et 150 francs ; 450 francs.

31ᵉ catégorie. — Étalons de trait, âgés de 4 ans et au-dessus (taille inférieure a 1ᵐ,63), 3,600 francs.

Trois 1ʳᵉˢ primes. — Une médaille d'or et 600 francs ; 1,800 francs.
Trois 2ᵉˢ primes. — Une médaille d'argent et 400 francs ; 1,200 francs.
Trois 3ᵉˢ primes. — Une médaille de bronze et 200 francs ; 600 francs.

32ᵉ catégorie. — Juments de trait, âgées de 4 ans et au-dessus (taille inférieure à 1ᵐ,63), 2,400 francs.

Trois 1ʳᵉˢ primes. — Une médaille d'or et 400 francs ; 1,200 francs.
Trois 2ᵉˢ primes. — Une médaille d'argent et 250 francs ; 750 francs.
Trois 3ᵉˢ primes. — Une médaille de bronze et 150 francs ; 450 francs.

33ᵉ catégorie. — Baudets étalons, âgés de 4 ans et au-dessus, nés et élevés à l'étranger, 1,800 francs.

1ʳᵉ prime, une médaille d'or et 800 francs ; — 2ᵉ prime, une médaille d'argent et 600 francs ; 3ᵉ prime, une médaille de bronze et 400 francs.

34ᵉ catégorie. — Ânesses, âgées de 4 ans et au-dessus, nées et élevées à l'étranger, 1,200 francs.

1ʳᵉ prime, une médaille d'or et 600 francs ; 2ᵉ prime, une médaille d'argent et 400 francs ; — 3ᵉ prime, une médaille de bronze et 200 francs.

35ᵉ catégorie. — Baudets étalons, âgés de 4 ans et au-dessus, nés et élevés en France et appartenant à la race du Poitou, 2,400 francs.

1ʳᵉ prime, une médaille d'or et 1,000 francs ; 2ᵉ prime, une médaille d'argent et 800 francs ; — 3ᵉ prime, une médaille de bronze et 600 francs.

36ᵉ catégorie. — Ânesses, âgées de 4 ans et au-dessus, nées et élevées en France et appartenant à la race du Poitou, 1,800 francs.

1ʳᵉ prime, une médaille d'or et 800 francs ; 2ᵉ prime, une médaille d'argent et 600 francs ; 3ᵉ prime, une médaille de bronze et 400 francs.

37ᵉ catégorie. — Baudets étalons, âgés de 4 ans et au-dessus, nés et élevés en France et appartenant à la race de la Gascogne et des Pyrénées, 1,800 francs.

1ʳᵉ prime, une médaille d'or et 800 francs ; — 2ᵉ prime, une médaille d'argent et 600 francs ; — 3ᵉ prime, une médaille de bronze et 400 francs.

38ᵉ catégorie. — 'Ânesses, âgées de 4 ans et au-dessus, nées et élevées en France et appartenant à la race de la Gascogne et des Pyrénées, 1,200 francs.

1ʳᵉ prime, une médaille d'or et 600 francs ; — 2ᵉ prime, une médaille d'argent et 400 francs ; — 3ᵉ prime, une médaille de bronze et 200 francs.

*Un objet d'art d'une valeur de 3,000 francs sera attribué à l'éleveur fran-*çais ou étranger qui aura présenté le plus beau lot d'ensemble.

Aʀᴛ. 3. — Les propriétaires des animaux peuvent seuls exposer.

Aʀᴛ. 4. — Ceux des chevaux exposés par la France ou les nations étrangères, qui sont la propriété des gouvernements, ne concourront pas pour les primes. Il pourra leur être accordé des médailles, en dehors de celles annoncées au présent programme, si le jury le juge convenable.

Aʀᴛ. 5. — L'âge des animaux se compte à partir du 1ᵉʳ janvier de l'année de leur naissance.

Aʀᴛ. 6. — Les droits de douane ne seront pas exigibles pour l'entrée en France des animaux destinés à l'Exposition.

Aʀᴛ. 7. — A l'aller comme au retour, il ne sera payé que demi-place, sur le territoire français, aux compagnies de chemins de fer, pour les animaux admis à l'Exposition et leurs conducteurs, sans préjudice des avantages analogues que les gouvernements étrangers assureraient à leurs nationaux sur leur propre territoire.

Aʀᴛ. 8. — Les exposants choisiront eux-mêmes, en se conformant toutefois aux conditions du programme, la catégorie dans laquelle devront figurer leurs animaux ; ils ne pourront les faire concourir que dans une seule catégorie.

Aʀᴛ. 9. — Les animaux seront logés gratuitement dans le local de l'Exposition.

Les exposants devront pourvoir à la nourriture de leurs animaux. Un fournisseur auquel ils pourront s'adresser facultativement sera installé près de l'Exposition ; il vendra des denrées de 1ʳᵉ qualité à un prix arrêté préalablement en vertu d'une adjudication passée par le commissaire général. Les exposants devront se munir de palefreniers pour donner aux animaux tous les soins nécessaires. Ils seront autorisés, s'ils le désirent, par le directeur de l'exposition chevaline, à faire passer la nuit à leurs animaux hors de l'enceinte de l'Exposition, en se conformant aux heures indiquées pour leur sortie et pour leur rentrée. Aucun animal, une fois admis à l'Exposition,

e pourra en être retiré à moins de maladie constatée par une commission
péciale.

Art. 10. — Une infirmerie sera établie pour les chevaux malades.

Art. 11. — Un service médical sera organisé pour les hommes de ser-
ice.

Art. 12. — Des interprètes se tiendront gratuitement à la disposition des
xposants.

Art. 13. — Il sera formé dans chaque département et chaque pays expo-
ant un comité d'admission chargé de recevoir les demandes, d'examiner si
es animaux sont sains et dignes de figurer à l'Exposition, et de les refuser
au besoin.

Les demandes d'admission devront être faites en double exemplaire, et
conformément au modèle annexé au présent règlement, sur des feuilles déta-
chées, qui seront distribuées gratuitement au ministère de l'agriculture et du
commerce, direction des haras; au commissariat de l'Exposition universelle
rue de Grenelle, 101); à la direction de la section française, au palais des
Tuileries, et dans toutes les préfectures et sous préfectures. Il en sera mis à
a disposition des commissaires des gouvernements étrangers. Ces feuilles,
ignées par les exposants, devront être adressées, pour la France, au prési-
lent du comité d'admission formé dans chaque département; pour l'étranger,
aux commissaires représentant la nationalité à laquelle l'exposant appartient.
Elles devront être contrôlées respectivement par les présidents de comité ou
es commissaires étrangers dans toutes les indications qu'elles contiennent.
Elles devront parvenir au commissaire général de l'Exposition universelle,
à Paris, avant le 1er avril 1878 [1].

Art. 14. — Les animaux d'une même nationalité seront groupés dans
chaque catégorie de manière à présenter, pour cette catégorie, l'exposition de
cette nationalité.

Art. 15. — Un comité central fonctionnera les 29, 30 et 31 août 1878
pour recevoir les animaux à leur arrivée à l'Exposition, et leur assignera leur
place suivant la catégorie et la nationalité à laquelle ils appartiennent. Il
aura la faculté de modifier, d'accord avec l'exposant, le numéro de la catégorie dans laquelle celui-ci avait engagé l'animal.

Art. 16. — Le jury chargé de décerner les récompenses sera nomme
moitié par le Ministre de l'agriculture et du commerce et moitié par les
exposants.

[1] En vertu d'un arrêté ministériel en date du 28 janvier 1878, ce délai a été reculé d'un
mois et les demandes d'admission pourront être envoyées au commissaire général jusqu'au
1er mai 1878.

Chaque pays étranger, exposant au moins dix chevaux, aura droit de choisir un juré.

Paris, le 12 mai 1877.

Le Sénateur, Commissaire général,
J. B. KRANTZ.

Vu et approuvé :

Le Ministre de l'Agriculture et du Commerce,
TEISSERENC DE BORT.

ESPÈCE CHEVALINE.

1re CATÉGORIE.

Étalons de pur sang arabe, de 3 ans et au-dessus.

1. — **Bambou,** étalon pur sang arabe; — son père, Nahr-el-Kébir; sa mère, Dair-el-Balh; — taille : 1^m,56, alezan foncé, né à Pompadour en 1874. — Appartenant au Gouvernement français (haras de Pompadour).

2. — **Beyssac,** étalon pur sang arabe; — son père, Nahr-el-Kébir; sa mère, Mantoura; — taille : 1^m,52, rouan clair, né à Pompadour en 1874. — Appartenant au Gouvernement français (haras de Pompadour).

3. — **Corrézien,** étalon pur sang arabe; — son père, Nahr-el-Kébir; sa mère, Saada; — né au haras de Pompadour en 1875. — Appartenant au Gouvernement français (haras de Pompadour).

4. — **Iussuf,** étalon pur sang arabe; — son père, Mahmoud-Mirza; sa mère, Aghil-Aga; — taille : 1^m,60, alezan cerise, né au haras royal de Bà Bolna en 1869. — Appartenant au Gouvernement d'Autriche-Hongrie.

5. — **Saltez,** étalon pur sang arabe; — son père, pur sang arabe; sa mère, Yacoubé; arabe; — taille : 1^m,45, gris foncé, né en Syrie en 1872. — Appartenant à M. Tricou (A.), à Pau (Basses-Pyrénées).

6. — **Simoun,** étalon pur sang arabe; — son père, Merkam; sa mère, Palisade; — taille : 1^m,53, gris rouan, né en France en 1873. — Appartenant à M. Curial (G.), château de Laxion, canton de Thiviers (Dordogne).

2e CATÉGORIE.

Juments de pur sang arabe, de 3 ans et au-dessus.

7. — **Claire,** jument pur sang arabe; — son père, Dervich; sa mère, Fatime; — taille : 1^m,50, gris foncé, née à Pompadour (Corrèze) en 1875. — Appartenant à M. de Clavières (J.), château de Clavières, commune de Polminhac, arrondissement d'Aurillac (Cantal).

8. — **Corrèze,** jument pur sang arabe; — son père, Nahr-el-Kébir; sa mère, Yacoubé; — taille : 1^m,48, bai châtain, née à Pompadour (Corrèze) en 1875. — Appartenant à M. de Clavières (J.), château de Clavières, commune de Polminhac, arrondissement d'Aurillac (Cantal).

9. — **Karadjia,** jument pur sang arabe; — son père et sa mère, pur sang arabe; — taille : 1^m,55, alezane, née en Syrie en 1871. — Appartenant à M. Tricou (A.), à Pau (Basses-Pyrénées).

10. — **Mahmoud-Mirza,** jument pur sang arabe; — son père, Mahmoud-Mirza; sa mère, Aghil-Aga; — taille : 1^m,57, alezan clair, née au haras royal de Bà Bolna en 1868. — Appartenant au Gouvernement d'Autriche-Hongrie.

11. — Namouna, jument pur sang arabe; — son père, Coran; sa mère, Éolie
taille : 1^m,50, grise, née à Gimont (Gers) en 1872. — Appartenant à M. De
(G.), à Auch (Gers).

2. — Sada, jument pur sang arabe; — son père, de race Saklawi; sa mère
race Hamdani; — taille : 1^m,52, gris clair, née en Syrie en 1869. — Apparte
à M. Tricou (A.), à Pau (Basses-Pyrénées).

3e CATÉGORIE.

Étalons de pur sang anglais, de 3 ans et au-dessus.

13. — Bigarreau, étalon pur sang anglais; — son père, Leight; sa mère, Battagha
taille : 1^m,57, bai, né à Villebon (Seine-et-Oise) en 1867. — Appartenant au H
de Villebon, près Palaiseau (Seine-et-Oise).

14. — Bohémond, étalon pur sang anglais; — son père, Dollar; sa mère, Ch
laine; — taille : 1^m,60, né à Vaucresson (Seine-et-Oise) en 1871. — Apparte
à M. le baron Finot, à Langé, par Valençay (Indre).

15. — Boïard, étalon pur sang anglais; — son père, Vermout; sa mère, La Bossue
taille : 1^m,66, bai brun, né à Bois-Roussel en 1870. — Appartenant à M. le ba
de Rothschild, à Paris, rue Saint-Florentin, 2.

16. — Boston-Idol, étalon pur sang anglais; — taille : 1^m,59; — né en Amérique
Appartenant à M. Delangle (F.), à Lille (Nord).

17. — Éole II, étalon pur sang anglais; — son père, West-Australian; sa mère, E
lie; — taille : 1^m,63, alezan foncé, né en France en 1868. — Appartenan
Gouvernement français (dépôt d'étalons du Pin).

18. — Ferragus, étalon pur sang anglais; — son père, Fitz-Gladiator; sa mère, I
lande; — taille : 1^m,64, bai brun, né à Villebon (Seine-et-Oise) en 1864. —
partenant au Haras de Villebon, près Palaiseau (Seine-et-Oise).

19. — Flageolet, étalon pur sang anglais; — son père, Plutus; sa mère, La Favo
— né à Dangu (Eure) en 1870. — Appartenant à M. Lefèvre (Ch.-J.), à C
mant, près Senlis (Oise).

20. — Francœur, étalon pur sang anglais; — son père, Zouave; sa mère, Day-Spri
— taille : 1^m,57, alezan foncé, né à Nexon (Haute-Vienne) en 1869. — Apparte
au Gouvernement français (dépôt d'étalons de Saintes).

21. — Glaneur, étalon pur sang anglais; — son père, Buckthorn; sa mère, Alma;
taille : 1^m,62, bai, né à Saint-Aignan en 1866. — Appartenant au Gouvernem
français (dépôt d'étalons de la Roche-sur-Yon).

22. — Gontran, étalon pur sang anglais; — son père, Fitz Gladiator; sa mère, (
conde; — taille : 1^m,59; alezan doré, né en 1862. — Appartenant au Gou
nement français (dépôt d'étalons de la Roche-sur-Yon).

23. — Honesty, étalon pur sang anglais; — son père, Voltigeur; sa mère, Cami
— taille : 1^m,63, bai foncé, né en Angleterre en 1864. — Appartenant à M. H
(R.), à la Gibauderie, près Jarnac (Charente).

24. — Jonville, étalon pur sang anglais; — son père, Fort-à-Bras; sa mère, Jenny
taille : 1^m,66, bai, né à Jonville (Seine-et-Marne) en 1873. — Appartenai
M. Moreau-Chaslon, à Paris, rue de Chazelles, 45.

25. — Kaolin, étalon pur sang anglais; — son père, Zouave; sa mère, Dainty;
taille : 1^m,59, bai cerise, né à Nexon en 1868. — Appartenant au Gouvernem
français (dépôt d'étalons du Pin).

26. — **Kilt,** étalon pur sang anglais ; — son père, Consul ; sa mère, Highland-Sister ; — taille : 1^m,62 ; alezan, né à Ferrières (Seine-et-Marne) en 1873. — Appartenant à M. le baron DE ROTHSCHILD, à Paris, rue Saint-Florentin, 2.

27. — **King-of-my-Stud,** étalon pur sang anglais ; — son père, Heir-at-Law ; sa mère, Ashmore ; — taille : 1^m,65, alezan brûlé, né à Lavello (Italie) en 1874. — Appartenant à M. GINISTRELLI (O.), à Portici (Italie).

28. — **Léberon,** étalon pur sang anglais ; — son père, Marengo ; sa mère, Fleur-d'Alisier ; — taille : 1^m,57, alezan, né à Nexon (Haute-Vienne) en 1872. — Appartenant au GOUVERNEMENT FRANÇAIS (haras de Pompadour).

29. — **Le Champis,** étalon pur sang anglais ; — son père, Zouave ; sa mère, Miss-Elthiron ; — taille : 1^m,59, bai, né à Limoges (Haute-Vienne) en 1869. — Appartenant à M. DE VAUGUYON (H.), au château de Gresse, la Chapelle-Anthenaise (Mayenne).

30. — **Le Petit-Caporal,** étalon pur sang anglais ; — son père, Marignan ; sa mère, Mademoiselle-Désirée ; — taille : 1^m,61, bai brun, né à Petit-Limoges (Haute Vienne) en 1864. — Appartenant à M. MOREAU-CHASLON, à Paris, rue de Chazelles, 45.

31. — **Longchamps,** étalon pur sang anglais ; — son père, Monarque ; sa mère, Étoile-du-Nord ; — taille : 1^m,57, alezan, né en France en 1864. — Appartenant à M. JENNINGS (H.), à Paris, avenue d'Eylau, 57.

32. — **Mirliflor,** étalon pur sang anglais ; — son père, Soapstone ; sa mère, Beauty ; — taille : 1^m,63, bai clair, né à Dangu (Eure) en 1872. — Appartenant à M. le comte A. DE GOUY D'ARSY, à Marines (Seine-et-Oise).

33. — **Mortemer,** étalon pur sang anglais ; — son père, Compiègne ; sa mère, Comtesse ; — né en Normandie en 1865. — Appartenant à M. LEFEVRE (C.-J.), à Chamant, près Senlis (Oise).

34. — **Nethou,** étalon pur sang anglais ; — son père, Dollar ; sa mère, La Maladetta ; — taille : 1^m,59, alezan, né en France en 1869. — Appartenant au GOUVERNEMENT FRANÇAIS (dépôt d'étalons de Saint Lô).

35. — **Plutus,** étalon pur sang anglais ; — son père, Trumpeter ; sa mère, Planet-Mare ; — taille : 1^m,58, bai, né en Angleterre en 1863. — Appartenant à M. le comte F. DE L'AIGLE, à Compiègne (Oise).

36. — **Poor-Harry,** étalon pur sang anglais ; — son père, Pirate-King ; sa mère, Ashmore ; — taille : 1^m,69, bai, né à Lavello (Italie) en 1875. — Appartenant à M. GINISTRELLI (O.), à Portici (Italie).

37. — **Premier-Mai,** étalon pur sang anglais ; — son père, Fort-à-Bras ou Charlatan ; sa mère, Tafferette ; — né en France en 1871. — Appartenant à M. le comte DE NICOLAY, à Montfort (Sarthe).

38. — **Reményi,** étalon pur sang anglais ; — son père, Buccaneer ; sa mère, Catastrophe ; — taille : 1^m,72, alezan marron, né au haras royal de Kisber en 1873. — Appartenant au GOUVERNEMENT D'AUTRICHE-HONGRIE.

39. — **Ruy-Blas,** étalon pur sang anglais ; — son père, West-Australian ; sa mère, Rosati ; — taille : 1^m,60, bai, né à Viroflay (Seine-et-Oise) en 1864. — Appartenant à M. JENNINGS (H.), à Paris, avenue d'Eylau, 57.

40. — **Salmigondis,** étalon pur sang anglais ; — son père, Dollar ou Stentor ; sa mère, Pergola ; — taille : 1^m,57, bai brun, né en France en 1870. — Appartenant à M. MOREAU-CHASLON, à Paris, rue de Chazelles, 45.

41. — **Salvator,** étalon pur sang anglais ; — son père, Dollar ; sa mère, Sauvagine ; — taille : 1^m,60, alezan, né à Viroflay (Seine et-Oise) en 1872. — Appartenant M. LUPIN (A.), à Paris, rue de Luxembourg, 49.

42. — Saxifrage, étalon pur sang anglais; — son père, Vertugadin; sa mère, Slapdash; — taille : 1^m,70, alezan, né à la Flanderie, par Couleuvre (Allier), en 1872. — Appartenant à M. Aumont (P.), à Victot-Pontfol (Calvados).

43. — Sénator, ex-Clow, étalon pur sang anglais; — son père, Vermout; sa mère, Clotho; — taille : 1^m,60, bai, né à Bois-Roussel (Orne) en 1872. — Appartenant à M. Le Roy (J.), à Chantilly (Oise).

44. — Sir-Regis, ex-Rabaud, étalon pur sang anglais; — son père, Bagdad; sa mère, Mireille; — taille : 1^m,58, alezan, né à Udon (Médoc) en 1872. — Appartenant au Gouvernement français (dépôt d'étalons de Pau).

45. — Solo, étalon pur sang anglais; — son père, Tournament; sa mère, Somnambule; — taille : 1^m,57, bai châtain, né en France en 1872. — Appartenant au Gouvernement français (dépôt d'étalons de Pau).

46. — Théodoros, étalon pur sang anglais; — son père, Florin; sa mère, Dame-de-Cœur; — taille. 1^m,61, alezan brûlé foncé, né à Angers (Maine-et-Loire) en 1867. — Appartenant à M. le vicomte E. de Baracé, à Angers (Maine-et-Loire).

47. — Trocadéro, étalon pur sang anglais; — son père, Monarque; sa mère, Antonia; — taille : 1^m,60, alezan, né à Dangu (Eure) en 1864. — Appartenant à M Aumont (P.), à Victot-Pontfol (Calvados).

48. — Vertugadin, étalon pur sang anglais; — son père, Fitz Gladiator; sa mère, Vermeille; — alezan, né à Bois Roussel en 1862. — Appartenant à M. Fould (E.), à Béguin, par Lurcy-Lévy (Allier).

49. — Voltigeur, étalon pur sang anglais; — son père, Buckenham; sa mère, par De Clare; — taille : 1^m,62, bai, né en Angleterre en 1875. — Appartenant à M. Williamson (C.), à Gouldon (Angleterre).

50. — Young-Star, étalon pur sang anglais; taille : 1^m,63; bai foncé, né en Amérique. — Appartenant à M. Delangle (F.), à Lille (Nord).

4ᵉ CATÉGORIE.

Juments de pur sang anglais, de 3 ans et au-dessus.

51. — Andromeda, jument pur sang anglais; — son père, Drogheda; sa mère, Maid-of-Newton; — taille : 1^m,60, baie, née en Angleterre en 1862. — Appartenant à M. Moreau-Chaslon, à Paris, rue de Chazelles, 45.

52. — Bamboche, jument pur sang anglais; son père, Womersley; sa mère, Mademoiselle Marco; — taille : 1^m,55, baie, née en 1860. — Appartenant à M. Moreau-Chaslon, à Paris, rue de Chazelles, 45.

53. — Basquine, jument pur sang anglais; — son père, Ruy-Blas; sa mère, Claudine; — taille : 1^m,61, baie, née à Victot (Calvados) en 1873. — Appartenant à M. Aumont (P.), à Victot-Pontfol (Calvados).

54. — Brown-Rosalind, jument pur sang anglais; — son père, Sundeelah; sa mère, Rosalind; — taille : 1^m,58, bai brun, née en Angleterre en 1871. — Appartenant à M. Lesage (H.), à la Haye-du-Theil (Eure).

55. — Camélia, jument pur sang anglais; — son père, Macaroni; sa mère, Araucaria; — née à Chamant (Oise) en 1873. — Appartenant à M. Lefèvre (C.-J.), à Chamant (Oise).

56. — Destinée, jument pur sang anglais; — son père, Ruy-Blas; sa mère, Claudine; — taille : 1^m,60, baie, née à Victot (Calvados) en 1871. — Appartenant à M. Aumont (P.), à Victot-Pontfol (Calvados).

57. — Énéide, jument pur sang anglais ; — son père, West-Australian ; sa mère, Tartarie ;   taille : 1^m,62, baie, née à la Celle-Saint-Cloud (Seine-et-Oise) en 1868. — Appartenant à M. Delâtre (L.), à Paris, rue Caumartin, 10.

58. — Farthing, ex-Piécette, jument pur sang anglais ; — son père, The Flying-Dutchman ; sa mère, Payment ; — taille : 1^m,58, baie, née à Viroflay (Seine-et-Oise) en 1865. — Appartenant à M. Hennessy (R.), à la Gibauderie, près Jarnac (Charente).

59. — Fermière, jument pur sang anglais ; — son père, Gontran ; sa mère, Alma ; — taille : 1^m,60, baie, née aux Douze-Traits, commune de Saint-Aignan (Loire-Inférieure) en 1871. — Appartenant à M. Robin (J.), aux Douze-Traits, commune de Saint-Aignan (Loire-Inférieure).

60. — Finistère, jument pur sang anglais ; — son père, Tournament ; sa mère, Finlande ; — taille : 1^m,57, baie, née à Villebon (Seine-et-Oise) en 1867. — Appartenant au Haras de Villebon, près Palaiseau (Seine-et-Oise).

61. — Gloaming, jument pur sang anglais ; — son père, Cambuscan ; sa mère, Summer's-Eve ; — taille : 1^m,57, bai clair, née en Angleterre en 1870. — Appartenant à M. de Vauguyon (H.-F.), château de Gresse, la Chapelle-Anthenaise (Mayenne).

62. — Good-Night, jument pur sang anglais ; — son père, Orphelin ; sa mère, Belle-de-Nuit ; — taille : 1^m,62, bai brun, née à Victot (Calvados) en 1867. — Appartenant à M. Aumont (P.), à Victot-Pontfol (Calvados).

63. — Isoline, jument pur sang anglais ; —son père, Y Monarque ; sa mère, Vertubleu ; — taille : 1^m,55, alezane, née en France en 1871. — Appartenant à M. le comte de l'Aigle (F.), à Compiègne (Oise).

64. — Jenny, jument pur sang anglais ; — son père, West-Australian ; sa mère, Bénédicta ; — taille : 1^m,60, baie, née à Saint-Cloud (Seine-et-Oise) en 1865. — Appartenant à M. Moreau-Chaslon, à Paris, rue de Chazelles, 45.

65. — Mademoiselle-de-Fligny, jument pur sang anglais ; — son père, Bois-Roussel ; sa mère, Millwood ; — taille : 1^m,63, alezan doré, née à Almenèches (Orne) en 1866. — Appartenant à M. Grégoire (A.), à Almenèches (Orne).

66. — Ménandrea, jument pur sang anglais ; — son père, Lord-Lyon ; sa mère, Thaïs ; — taille : 1^m,57, baie, née en Angleterre en 1870. — Appartenant au Haras de Villebon, près Palaiseau (Seine-et-Oise).

67. — Minette, jument pur sang anglais ; — son père, Florin ; sa mère, La Chatte ; — taille : 1^m,60, alezane, née à Reims (Marne) en 1874. — Appartenant à M. Charbonneau (E.), à Reims (Marne).

68. — Modiste, jument pur sang anglais ; — son père, Empire ou Muscovite ; sa mère, Callypige ; —taille : 1^m,60, bai brun, née à Chantilly (Oise) en 1872. —Appartenant à M. Rousseau (E.), à Reims (Marne).

69. — Mon-Étoile, jument pur sang anglais ; — son père, Fitz-Gladiator ; sa mère, Hervine ;   taille : 1^m,62, alezane, née à Victot (Calvados) en 1858. — Appartenant à M. Aumont (P.), à Victot-Pontfol (Calvados).

70. — Régalia, jument pur sang anglais ; — son père, Stockwell ; sa mère, The Gem ; — alezane, née en Angleterre en 1862. — Appartenant à M. Lefèvre (C. J.), à Chamant (Oise).

71. — Reine, jument pur sang anglais ; — son père, Monarque ; sa mère, Fille-de-l'Air ; — née à Dangu (Eure) en 1869. — Appartenant à M. Lefèvre (C.-J.), à Chamant (Oise).

72. — Spada, jument pur sang anglais ; — son père, Tournament ; sa mère Susannah ; — taille : 1^m,62, baie, née à Villebon (Seine-et-Oise) en 1870. — Appartenant au Haras de Villebon, près Palaiseau (Seine-et-Oise).

73. — Stéphanotis, jument pur sang anglais; — son père, Macaroni; sa mère, Araucaria; — taille : 1^m,55, baie, née en Angleterre en 1867. — Appartenant au Haras de Villebon, près Palaiseau (Seine-et-Oise).

74. — Styria, jument pur sang anglais; — son père, Stockwell; sa mère, Picaroon-Mare; — taille : 1^m,57, alezane, née en Angleterre en 1858. — Appartenant à M. le comte DE L'Aigle (F.) à Compiègne (Oise).

75. — Sycée, jument pur sang anglais; son père, Marsyas; sa mère, Rose-of-Kent; — taille : 1^m,56, baie, née en Angleterre en 1864. — Appartenant au Haras de Villebon, près Palaiseau (Seine-et-Oise).

76. — The-Miss-Evelyn-Filly, jument pur sang anglais; — son père, Young-Melbourne; sa mère, Miss-Evelyn; — taille : 1^m,57, baie, née en Angleterre en 1875. — Appartenant à M. Richard Garret, à Carleton Hall (Angleterre).

77. — Topaze, jument pur sang anglais; — son père, Lord-Cliffden; sa mère, Graziosa; — née en Angleterre. — Appartenant à M. le comte DE Gouy D'Arsy (A.), à Marines (Seine-et-Oise).

5e CATÉGORIE.

Étalons de pur sang anglo-arabe, de 3 ans et au-dessus.

78. — Arba, étalon pur sang anglo-arabe; — son père, Émir; sa mère, Alma; — taille : 1^m,54, bai cerise, né à Maubourguet (Hautes-Pyrénées). — Appartenant au Gouvernement français (dépôt d'étalons de Tarbes).

79. — Ben-Djeffée, étalon pur sang anglo-arabe; — son père, Djeffée, arabe; sa mère, Élisabeth, pur sang anglais; — taille : 1^m,52, alezan, né à Barbazan-Debat (Hautes-Pyrénées) en 1875. — Appartenant à M. Gzulowski (W.), à Tarbes (Hautes-Pyrénées).

80. — Ismaël, étalon pur sang anglo-arabe; — son père, Coran; sa mère, Guirlande; — taille : 1^m,58, gris, légèrement pommelé, né au Brika en 1872. — Appartenant au Gouvernement français (dépôt d'étalons de Tarbes).

81. — Mazères, étalon pur sang anglo-arabe: — son père, Infant; sa mère; Bernerette; — taille : 1^m,53, bai doré, né à Mazères-Lezons en 1873. — Appartenant au Gouvernement français (dépôt d'étalons de Pau).

82. — Le Notaire, étalon pur sang anglo-arabe; — son père, Choubra, pur sang arabe; sa mère, Véturie, pur sang anglais; — taille : 1^m,58, gris, né à Pouzac (Hautes-Pyrénées) en 1875. — Appartenant à M. Desbons (A.), à Maubourguet (Hautes-Pyrénées).

83. — Yatagan, étalon pur sang anglo-arabe; — son père, Émir, pur sang arabe; — sa mère, Zibeline, pur sang anglais; — taille : 1^m,55, bai brun, né à Laloubère (Hautes-Pyrénées) en 1875. — Appartenant à M. Desbons (A.), à Maubourguet (Hautes-Pyrénées).

6e CATÉGORIE.

Juments de pur sang anglo-arabe, de 3 ans et au-dessus.

84. — Circé, jument pur sang anglo-arabe; — son père, Othello, pur sang arabe; sa mère, Cigale, pur sang anglo-arabe; — taille : 1^m,53, baie, née à Tarbes (Hautes-Pyrénées) en 1871. — Appartenant à M. Seupé, à Tarbes (Hautes-Pyrénées).

85. — Hermine, ex-Herminie, jument pur sang anglo arabe; — son père, Zouave, pur sang anglais; sa mère, Lasciva, pur sang anglo arabe; — taille : 1^m,56, baie, née à Faugeras, commune de Boisseuil (Haute-Vienne), en 1869. — Appartenant à M. Dumont Saint-Priest, à Limoges (Haute-Vienne).

86. — **Lorette**, jument pur sang anglo-arabe; — son père, Daukali, pur sang arabe; sa mère, Lunette, pur sang anglo-arabe; — taille : 1^m,53, gris truité, né à Bazet (Hautes-Pyrénées) en 1862. — Appartenant à M. Sempé, à Tarbes (Hautes-Pyrénées).

7° CATÉGORIE.

Étalons de races propres à l'attelage de luxe, âgés de 3 ans (taille : 1^m,63 et au-dessus).

87. — **Conquérant**, étalon; — son père, Kilomètre; sa mère, Émeraude; — taille : 1^m,63, bai brun, né à Elbeuf (Seine-Inférieure) en 1875. — Appartenant à M. Fonlupt-Lefaure, à Elbeuf (Seine-Inférieure).

88. — **Hajnal**, étalon; — son père, Ostreger; sa mère, Revolver; — taille : 1^m,73, isabelle clair, né au haras royal de Kisber en 1875. — Appartenant au Gouvernement d'Autriche-Hongrie.

89. — **Tacite**, étalon; — son père, Karibon; sa mère, par Intact; — taille : 1^m,63, bai, né à Salaterne (Vendée) en 1875. — Appartenant à M. Bouillé (A.), à Boissière-en-Gatine (Deux-Sèvres).

90. — **Talisman**, étalon; — son père, Jactator ou Oui; sa mère, La Nemrod; — taille : 1^m,64, bai châtain, né à Crèvecœur (Calvados) en 1875. — Appartenant à M. Delaville (E.), à Bretteville-sur-Odon (Calvados).

91. — **Talisman**, étalon; son père, Montmorency ou Centaure; sa mère, par Esculape et Français; — taille : 1^m,63, alezan, né à Blainville (Calvados) en 1875. — Appartenant à MM. Marion père et fils, à Blainville (Calvados).

92. — **Talma**, étalon; — son père, Kapirat II; sa mère, par Acacia; — taille : 1^m,63, alezan, né à Salaterne (Vendée) en 1875. — Appartenant à M. Bouillé (A.), à Boissière-en-Gatine (Deux-Sèvres).

93. — **Tambour-Battant**, étalon; — son père, Interprète; sa mère, Valentine; — taille : 1^m,63, bai, né à Dozulé (Calvados) en 1875. — Appartenant à M. Ledars (H.), à Éterville (Calvados).

94. — **Tambour-Major**, étalon; — son père, J'y-Songerai; sa mère, par Uhlan; — taille : 1^m,65, bai brun, né à Saint-Ény (Manche) en 1875. — Appartenant à M. Gost, à Caen (Calvados).

95. — **Tam-Tam**, étalon; — son père, Interprète; sa mère, par Trouville; — taille : 1^m,63, bai brun, né à Dozulé (Calvados) en 1875. — Appartenant à M. Gost, à Caen (Calvados).

96. — **Tam-Tam**, étalon; — son père, Centaure; sa mère, Violette; — taille : 1^m,64, bai, né à Putot-en-Auge (Calvados) en 1875. — Appartenant à MM. Marion père et fils, à Blainville (Calvados).

97. — **Télégraphe**, étalon; — son père, Jactator; sa mère, Brebis; — taille : 1^m,65, bai brun, né à Biéville (Calvados) en 1875. — Appartenant à M. Delaville (E.), à Bretteville-sur-Odon (Calvados).

98. — **Télégraphe**, étalon; — son père, Ugolin; sa mère, Maljugée; — taille : 1^m,67, bai châtain, né à Blay (Calvados) en 1875. — Appartenant à M. Boulnois (L.), à Sarcus, par Granvilliers (Oise).

99. — **Télémaque**, étalon; — son père, Abrantès; sa mère, Laure; — taille : 1^m,63, bai châtain, né à Aunai-les-Bois (Orne) en 1875. — Appartenant à M. Pierre (A.), à Caen (Calvados).

100. — Téméraire, étalon; — son père, Interprète; sa mère, par Bucci; — taille : 1ᵐ,67, bai-zain brun, né à Troarn (Calvados) en 1875. — Appartenant à M. Gost, à Caen (Calvados).

101.   Tentateur, étalon; — son père, Conquérant; sa mère, par Sultan; — taille : 1ᵐ,63, alezan, né à Douville (Calvados) en 1875.   Appartenant à M. Joubey (P.), à Deauville-Trouville (Calvados).

102. — The-Duke-of-Cleveland, étalon;   son père, Stonewall Jackson; sa mère, par Venture; — taille : 1ᵐ,63, bai, né en Angleterre en 1875. — Appartenant à M. Holmes (G.), à Albemarle (Angleterre).

103. — Thémistocle, étalon; — son père, Dictateur ou Hippocrate; sa mère, par Lapin; — taille · 1ᵐ,64, bai châtain, né à Saint-Germain en 1875.   Appartenant à M. Delaville (E.), à Bretteville-sur-Odon (Calvados).

104. — Tic-Tac, étalon, — son père, Hunter; sa mère, La Douve;   taille : 1ᵐ,63, rouan, né à Avranches (Manche) en 1875. — Appartenant à MM. Marion père et fils, à Blainville (Calvados).

105. — Tilbury, étalon; — son père, Kilomètre; sa mère, Tartine; — taille : 1ᵐ,63, noir, né à Menneval (Eure) en 1875. — Appartenant à M. Pierre (A.), à Caen (Calvados).

106. — Torrent, étalon;   son père, Lavater; sa mère, Source; — taille : 1ᵐ,66, bai brun, né à Carpiquet (Cavados) en 1875. — Appartenant à M. Dambricourt-Legrand (A.), à Wizernes (Pas-de-Calais).

107. — Tremplain, étalon; — son père, Hussein; sa mère, par Lothaire; — taille : 1ᵐ,64, bai marron, né à Ravenoville (Manche) en 1875. — Appartenant à M. de Basly (A.) jeune, à Saint-Contest (Calvados).

108. — Highflyer, étalon; — son père, Highflyer; — taille : 1ᵐ,68, bai, né en Angleterre en 1872. — Appartenant à la Stand Stud Company, à Whitefield (Angleterre).

109. — Tricolore, étalon; — son père, Ignoré; sa mère, par Beaumanoir et Paternel; — taille : 1ᵐ,65, bai, né à Éroudeville (Manche) en 1875. — Appartenant à M. Ledars (H.), à Éterville (Calvados).

110. — Triomphe, étalon; — son père, Ignore; sa mère, par Arétin; — taille : 1ᵐ,63, bai, né à Turqueville (Manche) en 1875. — Appartenant à M. Gost, à Caen (Calvados).

111. — Triomphe, étalon; — son père, Liberator; sa mère, Berthe;   taille : 1ᵐ65, alezan, né à Biéville (Calvados) en 1875. — Appartenant à M. Delaville (E.), à Bretteville-sur-Odon (Calvados).

112. — Triton, étalon; — son père, Lavater; sa mère, Ondine; — taille : 1ᵐ67, bai brun, né à Carpiquet (Calvados) en 1875. — Appartenant à M. Dambricourt-Legrand (A.), à Wizernes (Pas de Calais).

113. — Trocadéro, étalon; — son père, Abrantès; sa mère, Juliette; — taille : 1ᵐ,63, bai, né à Saint-Léger en 1875. — Appartenant à M. Pierre (A.), à Caen (Calvados).

114. — Troyen, étalon; — son père, Normand; sa mère, Coleralne; — taille : 1ᵐ,65, bai, né à Sallenelles (Calvados) en 1875. — Appartenant à M. Gost, à Caen (Calvados).

115. — Turbot, étalon; — son père, Héliodore; sa mère, par Oberon; — taille : 1ᵐ,66, bai clair, né à Loires (Charente-Inférieure) en 1875. — Appartenant à M. Monnerie (J.), à Muron (Charente-Inférieure).

116. — Turenne, étalon; — son père, Faucon; sa mère, Mignonne; — taille : 1ᵐ,64, bai, né à Sartilly (Manche) en 1875. — Appartenant à M. Delaville (E.), à Bretteville-sur-Odon (Calvados).

8ᵉ CATÉGORIE.

Juments de races propres à l'attelage de luxe, âgées de 3 ans (taille de 1ᵐ,63 et au-dessus).

117. — **Belle-de-Jour,** jument; — son père, Ignoré; sa mère, par Égésipe; — taille : 1ᵐ,64, née en France en 1875. — Appartenant à M. Carel (V.), à Sainte-Marie-du-Mont (Manche).

118. — **Diane,** jument; son père, Gibelin; sa mère, La Cuirassière; — taille : 1ᵐ,63, baie, née à Reims (Marne) en 1875. — Appartenant à M. Thiérot, à Reims (Marne).

119. — **Junon,** jument; — son père, Abrantès; sa mère, Miss Jactator; — taille : 1ᵐ,64, baie, née à Saint-Léger (Orne) en 1875. — Appartenant à M. Lindet (D.), à Saint-Léger-sur-Sarthe (Orne).

120. — **La Cochère,** jument; — son père, Sincerity; sa mère, Pastourelle; — taille : 1ᵐ,63, baie, née à la Cochère (Orne) en 1875. — Appartenant à M. Cavey (C.), à la Cochère (Orne).

121. — **Turlurette,** jument; — son père, Élu; sa mère, Thérésa; — taille : 1ᵐ,63, baie, née à Montigny (Sarthe) en 1875. — Appartenant à M. Lallouet (T.), à Montigny (Sarthe).

122. — **Tyrolienne,** jument; — son père, Ovide; sa mère, Brillante; — taille : 1ᵐ,63, bai marron, née à Saint-Aubin-d'Appenai (Orne) en 1875. — Appartenant à M. Forcival (P.), à Saint-Aubin-d'Appenai (Orne).

9ᵉ CATÉGORIE.

Étalons de races propres à l'attelage de luxe, âgés de 4 ans et au-dessus (taille : 1ᵐ,63 et au-dessus).

123. — **César,** étalon; — son père, Frédérik-Karel; sa mère, Duits-Ras; — taille : 1ᵐ,65, brun clair, né à Oldenburg en 1873. — Appartenant à M. Den Ouden (A.), à Zevenbergen, Brabant septentrional (Hollande).

124. — **Cock-of-the-Walk,** étalon; — son père, Quicksilver; sa mère, par Shales; taille : 1ᵐ,63, alezan, né en Angleterre en 1873. — Appartenant à M. Beldam (R.), à Witchford (Angleterre).

125. — **Éclipse,** étalon; — son père, Éclipse; sa mère, Biche; — taille : 1ᵐ,64, bai pic, né à Commer en 1871. — Appartenant à M. Fraudin (L.), à Commer (Mayenne).

126. — **Gidran I,** étalon; — son père, Gidran; sa mère, Amaty; — taille : 1ᵐ,69, isabelle clair, né au haras royal de Mezohegyes en 1873. — Appartenant au Gouvernement d'Autriche-Hongrie.

127. — **Gourko,** étalon de race Orloff; — son père, Podarok; sa mère, Dobraya; — taille : 1ᵐ,65, né en Russie en 1874. — Appartenant à M. Duhamel (A.) (Russie).

128. — **Navarin,** étalon; — son père, Glorieux; sa mère, Nacelle; — taille : 1ᵐ,70, bai, né à Saint-Lô (Manche) en 1869. — Appartenant à M. Moreau-Chaslon, à Paris, rue de Chazelles, 45.

129. — **Nonius Iᵉʳ,** étalon de race Nonius; — taille : 1ᵐ,71, alezan marron, né au haras royal de Mezohegyes en 1871. — Appartenant au Gouvernement d'Autriche-Hongrie.

130. — Normand, étalon; — son père, Divus; sa mère, par Kapirat; — taille : 1^m,62, bai brun, né à Montmartin-en-Graignes (Manche) en 1869. — Appartenant au GOUVERNEMENT FRANÇAIS (dépôt d'étalons du Pin).

131. — Northstar, étalon; — son père, Northstar; sa mère, DeutscherMiehl; — taille : 1^m,67, noir franc, né au haras royal de Mezohegyes en 1872. — Appartenant au GOUVERNEMENT D'AUTRICHE-HONGRIE.

132. — Newton, étalon; — son père, Invariable; sa mère, par Ravissant; taille : 1^m,59, bai châtain, né à Saint-Martin-de-Varaville en 1869. — Appartenant au GOUVERNEMENT FRANÇAIS (dépôt d'étalons de Saint-Lô).

133. — Orfila, étalon; — son père, Giboyer; sa mère, par Eylau; — taille : 1^m,62, bai châtain, né à Foucarville (Manche) en 1870. — Appartenant au GOUVERNEMENT FRANÇAIS (dépôt d'étalons de Saint-Lô).

134. — Ornement, étalon; son père, Conquérant, sa mère, Virgule; — taille : 1^m,70, bai, né à Coudray-Rabut en 1870. — Appartenant à M. le vicomte DE MARIEL DE JANVILLE, au château de Janville-Paluel, par Cany (Seine Inférieure).

135. — Qu'En-Pensez-Vous, étalon; son père, Introuvable; sa mère, par Electric; — taille : 1^m,63, bai brun, né à Putot-en-Auge en 1872. —Appartenant au GOUVERNEMENT FRANÇAIS (dépôt d'étalons de Saint-Lô).

136. — Remarquable, étalon; son père, Jactator; sa mère, par Honorable; — taille : 1^m,65, bai, né à Biéville (Calvados) en 1873. — Appartenant à M. Gosi, à Caen (Calvados).

137. — Roquelaure, étalon; — son père, Lahire; sa mère, par Necker; — taille : 1^m,56, bai cerise, né au Perrier en 1873. — Appartenant au GOUVERNEMENT FRANÇAIS (dépôt d'étalons de la Roche-sur-Yon).

138. — Royal, étalon; — son père, Kapirat II; sa mère, par Necker; — taille : 1^m,65, alezan, né à Bois-de-Céné (Vendée) en 1873. — Appartenant à M. DELAVILLE (E.), à Bretteville-sur-Odon (Calvados).

139. — Saint-Germain, étalon; — son père, Umber; sa mère, Ganimède; — taille : 1^m,67, bai clair, né à Coudray-Rabut en 1874. — Appartenant à M. Gosi, à Caen (Calvados).

140. — Saint-Laurent, étalon; — son père, Héliodore; sa mère, Routière; — taille : 1^m,63, alezan, né à Ciré (Charente-Inférieure) en 1874. — Appartenant à M. PUTIER (J.), à Fouras (Charente-Inférieure).

141. — Saumaise, étalon; — son père, Druse; sa mère, Black; — taille : 1^m,63, alezan, né en 1874. — Appartenant à M. MALGRAS (E.), à Semur (Côte-d'Or).

142. — Sérieux, étalon; — son père, Mazeppa; sa mère, Belle-de-Nuit; — taille : 1^m,70, alezan, né à Reux (Calvados) en 1874. — Appartenant à MM. MARION père et fils, à Blainville (Calvados).

143. — Souche, étalon; — son père, Fleuron; sa mère, par Sultan; — taille : 1^m,66, bai, né à Goustranville (Calvados) en 1874. — Appartenant à M. GOST, à Caen (Calvados).

144. — Spartacus, étalon; — son père, Josaphat; sa mère, Rosette; — taille : 1^m,64, noir, né à Sainte-Mère-Église (Manche) en 1874. — Appartenant à M. VIEL (A.) fils, à Rucqueville (Calvados).

145. — Sublime, étalon; — son père, Luther; sa mère, La Brune-d'Attelage; — taille : 1^m,64, bai brun, né en France en 1874. Appartenant à M. DELAVILLE (E.), à Bretteville-sur-Odon (Calvados).

146. — Superbe, ex-Soldat, étalon; — son père, Pater; sa mère, par Blanc-Pied; — taille : 1^m,65, bai brun zain, né à Fresville (Manche) en 1874.—Appartenant à M. DELAVILLE (E.), à Bretteville-sur-Odon (Calvados).

147. — Vorogey, étalon; — son père, Granit; sa mère, Darnitza; — taille : 1ᵐ,64, gris pommelé, né en Russie en 1871. — Appartenant à M. MARAIS (J.), à Saint-Mandé, rue de l'Épinette, 10 (Seine).

10ᵉ CATEGORIE.

Juments de races propres à l'attelage de luxe, âgées de 4 ans et au-dessus (taille de 1ᵐ,63 et au-dessus).

148. — Aigrette, jument; — son père, Courtomer; — taille : 1ᵐ,64, grise, née à la Tranche (Vendée) en 1865. — Appartenant à M. GUIET (C.), à la Roche-sur-Yon (Vendée).

149. — Alerte, jument; — son père, Lilas; sa mère, Fanchonnette; — taille · 1ᵐ,63, alezan doré, née à Elbeuf (Seine-Inférieure) en 1874. — Appartenant à M. FON-LUPT-LEFAURE, à Elbeuf (Seine-Inférieure).

150. — Belle-de-Jour, jument; — son père, Jarnac; sa mère, Lagopède; — taille : 1ᵐ,64, baie, née à Carentan (Manche) en 1870. — Appartenant à M. BRION (D.), à Gerrots (Calvados).

151. — Brinda, jument ; — son père, Horace; sa mère, Perle-Fine; — taille : 1ᵐ,63, bai cerise, née à Saint-Estèphe (Gironde) en 1869. — Appartenant à M. COUTAVF (L.), à Lesparre (Gironde).

152. — Camaldule, jument ; — son père, Necker; sa mère, Irlandaise; — taille : 1ᵐ,64, alezane, née à Bois-de-Céné (Vendée) en 1870. — Appartenant à M. GAL-LAIS (É.), à Bois-de-Céné (Vendée).

153. — Charmante, jument; — son père, Héliodore; sa mère, par Routier; — taille : 1ᵐ,64, bai-clair, née a Ciré (Charente-Inférieure) en 1872. — Appartenant à M. MONVERIE (J.), à Muron (Charente-Inférieure).

154. — Conquérante, jument; — son père, Houdon; sa mère, par Éros; — taille : 1ᵐ,64, rouane, née à Saint-Gervais (Vendée) en 1872. — Appartenant à M. GAU-VREAU, à Angles (Vendée).

155. — Daru, jument; — son père, de race anglaise; sa mère, de race hongroise; — taille : 1ᵐ,63, gris pommelé, née à Bacs en 1873. — Appartenant à la SOCIÉTÉ D'ÉLEVAGE DE CHEVAUX, à Buda-Pesth (Hongrie).

156. — Éclatante, jument; — son père : Ignoré; sa mère, Florence; — taille : 1ᵐ,64, bai brun, née à Amfreville (Manche) en 1874. — Appartenant à M. DU-CHEMIN (B.), à Amfreville (Manche).

157. — Étoile, jument ; — son père, John-Bull; sa mère, par Molière; — taille : 1ᵐ,63, bai marron, née à Saint-Gervais (Vendée) en 1872. — Appartenant à M. LUCE DE TRÉMONT, au château de la Guignardière, commune d'Avrillé (Vendée).

158. — Favorite, jument ; — son père, Élu; sa mère, Miss-Carlotta; — taille : 1ᵐ,66, bai brun, née à Saint-Léger-sur-Sarthe (Orne) en 1871. — Appartenant à M. DROUIN (J.), à Saint-Léger-sur-Sarthe (Orne).

159. — Fejes, jument ; — son père, de race normande; sa mère, de race hongroise; — taille : 1ᵐ,64, bai clair, née à Femes en 1871. — Appartenant à la SOCIÉTÉ D'ÉLEVAGE DE CHEVAUX, à Buda-Pesth (Hongrie).

160. — Fornarina, jument; — son père et sa mère, de race romaine; — grise, née à Rome en 1874. — Appartenant à M. le comte TELFENER (J.), à Rome (Italie).

161. — Furioso, jument; — son père, Furioso; sa mère, Marc-Fapley; — taille : 1^m,64, alezan marron, née au haras royal de Mezöhegyes en 1867. — Appartenant au GOUVERNEMENT D'AUTRICHE-HONGRIE.

162. — Galamb, jument; — son père, de race anglaise; sa mère, de race hongroise; — taille : 1^m,66, gris pommelé, née à Femes en 1873. — Appartenant à la SOCIÉTÉ D'ÉLEVAGE DE CHEVAUX, à Buda-Pesth (Hongrie).

163. — Gidran II, jument de race Gidran; — taille : 1^m,65, isabelle clair, née au haras royal de Mezöhegyes en 1868. — Appartenant au GOUVERNEMENT D'AUTRICHE-HONGRIE.

164. — Gidran III, jument de race Gidran; — taille : 1^m,69, isabelle clair, née au haras royal de Mezöhegyes en 1871. — Appartenant au GOUVERNEMENT D'AUTRICHE-HONGRIE.

165. — Indépendante, jument; — son père, Trouville; sa mère, Clémentine, — taille : 1^m,65, baie, née à Montigny (Sarthe) en 1873. — Appartenant à M. LALLOUET (T.), à Montigny (Sarthe).

166. — Junon, jument; — son père, Écuyer; sa mère, Camélia; — Taille : 1^m,64, bai brun, née à Saint-Aubin-d'Arquenay (Calvados) en 1865. — Appartenant à M. CASTILLON (C.), à Troarn (Calvados).

167. — Junon, jument; — son père, Dauphin; — taille : 1^m,63, bai-cerise zain, née à Sibiril (Finistère) en 1874. — Appartenant à M. GUIVARCH (F.), à Sibiril (Finistère).

168. — Lablosserie, jument; — son père, Bassompierre; sa mère, Ida; — taille : 1^m,63, bai brun, née à Montigny (Sarthe) en 1867. — Appartenant à M. LALLOUET (T.), à Montigny (Sarthe).

169. — Lagarenne, jument; — taille : 1^m,64, baie, née à Moustier-les-Mauxfaits (Vendée) en 1873. — Appartenant à M. PASQUIER (A.), à Ardilheres (Charente-Inférieure).

170. — Ludonaise, jument; — son père, Horace; sa mère, Bijou; — taille : 1^m,63, alezane, née à Ludon (Gironde) en 1873. — Appartenant à M. GUIDON (L.), à Queyrac (Gironde).

171. — Macbeth, jument; — son père, Macbeth; sa mère, Nonius; — taille : 1^m,69, alezan châtain, née au haras royal de Mezöhegyes en 1871. — Appartenant au GOUVERNEMENT D'AUTRICHE-HONGRIE.

172. — Malvina, jument; — son père, Héliodore; sa mère, par Routier; — taille : 1^m,65, bai clair, née à Ciré (Charente-Inférieure) en 1873. — Appartenant à M. MOYNERIE (J.), à Muron (Charente-Inférieure).

173. — Miss, jument; — son père, Coral; sa mère, Bonne; — taille : 1^m,64, baie, née à Frossay (Loire) en 1867. — Appartenant à M. CIROV (G.), à la Villette, commune de Frossay (Loire-Inférieure).

174. — Miss-Carlotta, jument; — son père, Seducteur; sa mère, Ordéha; — taille : 1^m,66, bai brun, née à Saint-Léger-sur-Sarthe (Orne) en 1865. — Appartenant à M. DROUIN (J.), à Saint-Léger-sur-Sarthe (Orne).

175. — Nonius II, jument de race Nonius; — taille : 1^m,65, alezan marron, née au haras royal de Mezöhegyes en 1872. — Appartenant au GOUVERNEMENT D'AUTRICHE-HONGRIE.

176. — Olga, jument; — son père, Abrantès; sa mère, Junon; — taille : 1^m,66, bai châtain, née à Troarn (Calvados) en 1870. — Appartenant à M. CASTILLON (C.), à Troarn (Calvados).

177. — Oranien, jument; — son père, Oranien; sa mère, Furioso; — taille : 1^m,76, alezan marron, née au haras royal de Mezöhegyes en 1869. — Appartenant au GOUVERNEMENT D'AUTRICHE-HONGRIE.

178. — **Ostreger,** jument; — son père, Ostreger; sa mère, Lucie; — taille : 1ᵐ,66, alezan cerise, née au haras royal de Kisber en 1870. — Appartenant au Gouvernement d'Autriche-Hongrie.

179. — **Polmoodie,** jument; — son père, Polmoodie; sa mère, Justice; — taille : 1ᵐ,64, alezan brûlé, née au haras royal de Kisber en 1873. — Appartenant au Gouvernement d'Autriche-Hongrie.

180. — **Rasella,** jument; — son père et sa mère, de race romaine; — grise, née à Rome en 1874. — Appartenant à M. le comte Telfener (J.), à Rome (Italie).

181. — **Régente,** jument; — son père, Irlandais; sa mère, par Abrantès; — taille : 1ᵐ,64, baie, née à Cagny (Calvados) en 1873. — Appartenant à M. Buron (D.), à Gerrots (Calvados).

182. — **Rosière,** jument; — son père, Esculape; sa mère, par Cyclope; — taille : 1ᵐ,65, baie, née à Troarn (Calvados) en 1873. — Appartenant à M. Gost, à Caen (Calvados).

183. — **Rosière,** jument; — son père, Esculape; sa mère, Erminia; — taille : 1ᵐ,63, baie, née à Cagny (Calvados) en 1873. — Appartenant à M. Lebaudy (A.), à Cagny (Calvados).

184. — **Sapho,** jument; — son père, Horace; — taille : 1ᵐ,65; alezan doré, née à Saint-Seurin (Gironde) en 1871. — Appartenant à M. Coutant (L.), à Lesparre (Gironde).

185. — **Spéculation,** jument; son père, Garibaldi; — taille : 1ᵐ,63, alezane, née en Angleterre en 1872. — Appartenant à la Stand Stud Company, à Whitefield (Angleterre).

186. — **Suzanne,** jument; — son père, Leporello; sa mère, Rachel; — taille : 1ᵐ,67, bai zain née au Pain en 1873. — Appartenant à M. Fradin (F.), au Pain, commune de Béruges, près Poitiers (Vienne).

187. — **Szürke,** jument; — son père, de race normande; sa mère, de race hongroise; — taille : 1ᵐ,66, blanc simple, née à Bacs en 1873. — Appartenant à la Société d'élevage de chevaux, à Buda-Pesth (Hongrie).

188. — **Villageoise,** jument; — son père, Malthus; sa mère, Villageoise; — taille : 1ᵐ,65, alezane, née à Machecoul (Loire-Inférieure) en 1874. — Appartenant à M. Porchet (S.), à Saint-Jean-de-Boiseau (Loire-Inférieure).

189. — **Vesta,** jument; — son père, Windham; sa mère, par François Iᵉʳ; — taille : 1ᵐ,63, bai cerise, née à Saint-Pol-de-Léon (Finistère) en 1874. — Appartenant à M. Quémener (G.), à Saint-Pol-de-Léon (Finistère).

11ᵉ CATÉGORIE.

Étalons de races propres à l'attelage de luxe, âgés de trois ans (taille au-dessous de 1ᵐ,63).

190. — **Cheerly,** étalon; — son père, Cheerly; sa mère, par Sir-Richard; — taille : 1ᵐ,58, alezan brûlé, né à Ploudalmézeau (Finistère) en 1875. — Appartenant à M. Corre (F.), à Lannilis (Finistère).

191. — **Dauphin,** étalon; — son père, Dauphin; sa mère, par Hermion; — taille : 1ᵐ,55, alezan, né à Saint-Pol-de-Léon (Finistère) en 1875. — Appartenant à M. Sann (F.), à Saint-Pol-de-Léon (Finistère).

192. — **Enchanteur,** étalon; — son père, Y. Quick-Silver; sa mère, Rouane; — taille : 1ᵐ,60, alezan, né à Biville-la-Baignarde (Seine-Inférieure). — Appartenant à M. Frichet (E.), à Biville-la-Baignarde (Seine-Inférieure).

193. — Fleur-de-Pêcher, étalon; — son père, Y. Quick-Silver; sa mère, Rigolette; — taille : 1^m,57, aubère, né à Biville-la-Baignarde (Seine-Inférieure) en 1875. — Appartenant à M. Frichet (E.), à Biville-la-Baignarde (Seine-Inférieure).

194. — Indiouk, étalon de race Orloff; — son père, Zalotny; sa mère, Zabava; — taille : 1^m,60, gris, né en Russie en 1875. — Appartenant à M. Mazourine (M.), (Russie).

195. — Ingres, étalon; son père, Ingres; sa mère, par Baryton; — taille : 1^m,57, alezan, né à Saint-Pol-de-Léon (Finistère) en 1875. — Appartenant à M. Créach, à Plounevez-Lochrist (Finistère).

196. — Master, étalon; — son père, Master; sa mère, par Dauphin; — taille : 1^m,54, bai cerise, né à Landerneau (Finistère) en 1875. — Appartenant à M. Cadiou (P.), à Cléder (Finistère).

197. — Nelson, étalon; son père, Landeson; sa mère, Duits-Ras; — taille : 1^m,60, brun foncé, né à Oldenburg en 1875. — Appartenant à M. Den Ouden (A.), à Zevenbergen, Brabant septentrional (Hollande).

198. — Quoniam, étalon; — son père, Windham; sa mère, par Dauphin; — taille : 1^m,60, baizain, né à Cléder (Finistère) en 1875. — Appartenant à M. Créach (P.), à Plounévez-Lochrist (Finistère).

199. — Tabar, étalon; — son père, Newton; sa mère, par Ugolin; — taille : 1^m,60, bai clair, né à Mesnil-Amand (Manche) en 1875. — Appartenant à M. Gost, à Caen (Calvados).

200. — Tabasco, étalon; — son père, Luther; sa mère, par Régulier ! — né à Éroudeville (Manche) en 1875. — Appartenant à M. Gost, à Caen (Calvados).

201. — Tabellion, étalon; — son père, Interprète; sa mère, par Français; taille : 1^m,60, bai, né à Dozulé (Calvados) en 1875. — Appartenant à M. Gost, à Caen (Calvados).

202. — Talisman, étalon; — son père, Niger; sa mère, Conquérante; — taille : 1^m,57, bai brun, né à Champosoult (Orne) en 1875. — Appartenant à M. de Basly (A.) jeune, à Saint-Contest (Calvados).

203. — Talma, étalon; — son père, Glorieux; sa mère, par Succès et Navigateur; — taille : 1^m,61, alezan, né à Saint-Germain en 1875. — Appartenant à M. Ledars (H.), à Éterville (Calvados).

204. — Tamarin, étalon; — son père, Villiers; sa mère, Margot; — taille : 1^m,62, né à Saint Marcouf (Calvados) en 1875. — Appartenant à M. Delaville (E.), à Bretteville-sur-Odon (Calvados).

205. — Tamarin, étalon; — son père, Ordinal; sa mère, Minus; — taille : 1^m,59, rouan, né à Ardillières (Charente-Inférieure) en 1875. — Appartenant à M. Pasquier (A.), à Ardillières (Charente-Inférieure).

206. — Tamaris, étalon; — son père, Mirliton; sa mère, par Bravo; — taille : 1^m,59, bai brun, né à Querqueville (Manche) en 1875. Appartenant à MM. Marion père et fils, à Blainville (Calvados).

207. — Tamberlick, étalon; son père, Tamberlick; sa mère, par Abrantès; — taille : 1^m,60, bai, né à Putot-en-Auge (Calvados) en 1875. — Appartenant à MM. Marion père et fils, à Blainville (Calvados).

208. — Tamerlan, étalon; — son père, John-Bull; sa mère, par Téroué; — taille : 1^m58, alezan doré zain, né à Saint-Gervais (Vendée) en 1875. — Appartenant à M. Bouillé (A.), à Boissière-en-Gatine (Deux-Sèvres).

209. — Tancrède, étalon; son père, Jambe-d'Argent; — taille . 1^m,59, bai brun zain, né à Saint-Jean-du-Mont (Vendée) en 1875. — Appartenant à M. Bouillé (A.), à Boissière-en-Gatine (Deux-Sèvres).

240. — Taol-Évez, étalon; —son père, Dauphin; sa mère, par une petite-fille de Hamdani-Élane; — taille: 1^m,52, alezan clair, né à Cléder (Finistère) en 1875. — Appartenant à M. Bihan (A.), à Cléder (Finistère).

241. — Télégraphe, étalon; — son père, Montbars; sa mère, par Joubert; — taille: 1^m,59, bai clair, né à Ciré (Charente-Inférieure) en 1875. — Appartenant à M. Audouin (U.-L.), à Muron (Charente-Inférieure).

242. — Télégraphe, étalon; — son père, Ordinal; sa mère, par Carmin; — taille: 1^m,60, bai, né à Muron (Charente-Inférieure) en 1875. — Appartenant à M. Bouillé (A.), à la Boissière-en-Gatine (Deux-Sèvres).

243. — Télémaque, étalon; — son père, Héliodore; sa mère, par Vitumnus; — taille: 1^m,58, alezan, né à Saint-Laurent-de-la-Prée (Charente-Inférieure) en 1875. — Appartenant à M. Tangé (F.), à Saint-Laurent-de-la-Prée (Charente-Inférieure).

244. — Télémaque, étalon; — son père, Imperator; sa mère, par Roquelaure; — taille: 1^m,58, alezan, né à Genouillé (Charente-Inférieure) en 1875. — Appartenant à M. Bouffet (E.), à Genouillé (Charente-Inférieure).

245. — Téléphone, étalon; — son père, Lavater; sa mère, Diane; — taille: 1^m,62, noir, né au Mesnil-Amand (Manche) en 1875. — Appartenant à M. le comte DE Triquerville, à Cagny (Calvados).

246. — Télescope, étalon; — son père, Ugolin; sa mère, par Dragon; — taille: 1^m,58, bai brun, né à Auxais (Manche) en 1875. — Appartenant à M. Gost, à Caen (Calvados).

247. — Télesphare, étalon; — son père, Ambition; sa mère, par Cyclope; — taille: 1^m,62, bai, né à Troarn (Calvados) en 1875. — Appartenant à M. Gost, à Caen (Calvados).

218. — Tempête, étalon; — son père, Conquérant; sa mère, par Abrantès; — taille: 1^m,60, bai zain, né à Troarn (Calvados) en 1875. — Appartenant à M. Gost, à Caen (Calvados).

249. — Ténacité, étalon; — son père, Jactator; sa mère, par Phœnomenon; — taille: 1^m,56, bai brun, né à Écajeul (Calvados) en 1875. — Appartenant à M. Brion (D.), à Gerrots (Calvados).

220. — Ténor, étalon; — son père, Sussex-Stag; sa mère, par Buci; — taille: 1^m,60, bai brun, ne à Angerville (Calvados). — Appartenant à M. Gost, à Caen (Calvados).

224. — Tentateur, étalon; — son père, Ambition; sa mère, par Interprète; — taille: 1^m,60, rouan, né à Brocottes (Calvados) en 1875. — Appartenant à M. Gost, à Caen (Calvados).

222. — Tentateur, étalon; — son père, Sincerity; sa mère, par Noteur; — taille: 1^m,62, bai, né à Sarceaux (Orne) en 1875. — Appartenant à M. Lefèvre (G.), à Fontenay-le-Marmion (Calvados).

223. — Tentatif, étalon; — son père, Umber; — taille: 1^m,60; bai cerise, né à Coudray-Rabut (Calvados) en 1875. — Appartenant à M. Brion (D.), à Gerrots (Calvados).

224. — Terre-à-Terre, étalon; — son père, Centaure; sa mère, Française; — taille: 1^m,60, bai, né à Beuvron (Calvados) en 1875. — Appartenant à M. Pierre (A.), à Caen (Calvados).

225. — Teutatès, étalon; — son père, Pater; sa mère, par Gloire; — taille: 1^m,60, alezan, né à Turqueville (Manche) en 1875. — Appartenant à M. DE Basly (A.), jeune, à Saint-Contest (Calvados).

226. — **Thé,** étalon; — son père, Esculape; sa mère, Française; — taille : 1^m,62, n
à Banneville (Calvados) en 1875. — Appartenant à M. le comte DE TRIQUERVILLE
à Cagny (Calvados).

227. — **Thiers,** étalon; — son père, Nantheuil; sa mère, par Hussein et Ravissan
— taille : 1^m,59, alezan, né à Fontenay (Calvados) en 1875. — Appartenant
M. DE BASLY (A.) jeune, à Saint-Contest (Calvados).

228. — **Thon,** étalon; — son père, Ovide; sa mère, par Séducteur; — taille : 1^m,6o
bai, né à Bursard (Orne) en 1875. — Appartenant à M. GOST, à Caen (Calvados

229. — **Tigris,** étalon; — son père, Sackos; sa mère, Giselle; — taille : 1^m,59, ale
zan, né à Bérigny (Manche) en 1875. — Appartenant à M. le duc DE VICENCE
à Caulaincourt (Aisne).

230. — **Tintamare,** étalon; — son père, Nessus; — taille : 1^m,58, bai brun, né
Yves (Charente-Inférieure) en 1875.—Appartenant à M. BOUILLÉ (A.), à la Boissière
en-Gâtine (Deux-Sèvres).

231. — **Toc-Toc,** étalon; — son père, Ignoré; sa mère, As-de-Cœur; — taille : 1^m,58
alezan doré, né à Méautis (Manche) en 1875. — Appartenant à M. VIEL (A.)
fils, à Rucqueville (Calvados).

232. — **Tolbac,** étalon; — son père, Ignoré; sa mère, par Lord; — taille : 1^m,61, ale
zan doré, né à Sainte-Marie-du-Mont (Manche) en 1875. — Appartenant à M. GOST
à Caen (Calvados).

233. — **Tolérant,** étalon; — son père, Centaure; sa mère, par Buci; —taille : 1^m,58
alezan zain, né à Beuvron (Calvados) en 1875. — Appartenant à M. BRION (D.)
à Gorrots (Calvados).

234. — **Toréador,** étalon; — son père, Montbars; sa mère, petite-fille de Piédestal
— taille : 1^m,6o, alezan doré, né à Ardillières (Charente-Inférieure) en 1875. –
Appartenant à M. MARCHAIS (E.-M.), à Ardillières (Charente-Inférieure).

235. — **Torrent,** étalon; — son père, Feu-de-Joie; sa mère, par Victorieux, né à Cl
tourps (Manche) en 1875. — Appartenant à MM. MARION père et fils, à Blainvill
(Calvados).

236. — **Totila,** étalon; — son père, Héliotrope; sa mère, par Séducteur; — taille : 1^m,6o
bai, né à Saint-Léger en 1875. — Appartenant à M. GOST, à Caen (Calvados).

237. — **Touareg,** étalon; — son père, El-Ghor; sa mère, par Marengo; —taille : 1^m,6o
bai, né à Saint-Marcouf (Calvados) en 1875. — Appartenant à M. DE BASLY (A.
jeune, à Saint-Contest (Calvados).

238. — **Tourville,** étalon; — son père, Nessus; sa mère, par Routier; — taille : 1^m,56
alezan, né à Saint-Médard (Charente-Inférieure) en 1875. — Appartenant
M. AUDOUIN (U.-L.), à Muron (Charente-Inférieure).

239. — **Trémoulet,** étalon; — son père, Hélios; sa mère, Ravissante; — né à Avran
ches (Manche) en 1875. — Appartenant à MM. MARION père et fils, à Blainvill
(Calvados).

240. — **Trésor,** étalon; — son père, Jambes d'Argent; sa mère, par Molière; — taille
1^m,61, bai-zain, né à Beauvoir-sur-Mer (Vendée) en 1875. — Appartenant
M. DELAVILLE (E.), à Bretteville-sur-Odon (Calvados).

241. — **Trésorier,** étalon; — son père, Oranger; sa mère, par Jay et Pégase;
taille : 1^m,59, né à Canteloup (Calvados) en 1875.—Appartenant à M. LEDARS (H.)
à Éterville (Calvados).

242. — **Tribun,** étalon; — son père, Newton; sa mère, par Imposteur; — taille
1^m,6o, alezan, né à Foucarville (Manche) en 1875. — Appartenant à M. D
BASLY (A.) jeune, à Saint-Contest (Calvados).

243. — **Tricolore**, étalon; — son père, Lucullus; sa mère, par Bijou; — taille : 1ᵐ,6o, bai rubican, né à Cherbourg (Manche) en 1875. — Appartenant à M. Delaville (E.), à Bretteville-sur-Odon (Calvados).

244. — **Tricolore**, étalon; — son père, Jambes-d'Argent; sa mère par Acacia; — taille : 1ᵐ,58, rouan, né à Saint-Gervais (Vendée) en 1875. — Appartenant à M. Bouillé (A.), à la Boissière-en-Gatine (Deux-Sèvres).

245. — **Tristan**, étalon; — son père, Interprète; sa mère, Carlotta; — taille : 1ᵐ,58; bai, né à Dozulé (Calvados) en 1875. — Appartenant à M. Viel (A.) fils, à Rucqueville (Calvados).

246. — **Triumvir**, étalon; — son père, Jactator; sa mère, par Bijou; — taille : 1ᵐ,6o, alezan brûlé, né à Croissanville (Calvados) en 1875. — Appartenant à M. Delaville (E.), à Bretteville-sur-Odon (Calvados).

247. — **Trocadéro**, étalon; — son père, Washington; sa mère, par Bijou; — taille : 1ᵐ,6o, alezan brûlé zain, né à Roucamps (Calvados) en 1875. — Appartenant à M. Delaville (E.), à Bretteville-sur-Odon (Calvados).

248. — **Trocadéro**, étalon; — son père, Ignoré; sa mère, par Égésipe et Licteur; — taille : 1ᵐ,61, alezan, né à Audouville (Manche) en 1875. — Appartenant à M. Ledars (H.), à Éterville (Calvados).

249. — **Trois-Mars**, étalon; — son père, Hick; sa mère, Mademoiselle de Varaville; — taille : 1ᵐ,62, alezan, né à Varaville (Calvados) en 1875. — Appartenant à M. Pierre (A.), à Caen (Calvados).

250. — **Troubadour**, étalon; — son père, Nelusko; sa mère, par Cancale; — taille : 1ᵐ,6o, alezan, né à Fierville (Calvados) en 1875. — Appartenant à M. Gost, à Caen (Calvados).

251. — **Turco**, étalon; — son père, Hick; sa mère Carlotta; — taille : 1ᵐ,6o, alezan, ne à Petiville (Calvados) en 1875. — Appartenant à M. Pierre (A.), à Caen (Calvados).

252. — **Turian**, étalon; — son père, Bravo; sa mère, par Harmonieux; — taille : 1ᵐ,57, bai brun, né à Maqueville (Charente-Inférieure) en 1875. — Appartenant à M. Brion (D.), à Gerrots (Calvados).

253. — **Turin**, étalon; — son père, Niger; sa mère, Rosine; — taille : 1ᵐ,61, noir, né à Almenèches (Orne) en 1875. — Appartenant à M. Pierre (A.), à Caen (Calvados).

254. — **Type**, étalon; — son père, Montbars; sa mère, par Oberon; — taille : 1ᵐ,59, bai brun, né à Landrais (Charente-Inférieure) en 1875. — Appartenant à M. Bouillé (A.), à la Boissière-en-Gatine (Deux-Sèvres).

255. — **Vétérok**, étalon (race Orloff); — son père, Balavnik; sa mère, Vorjékoffskaïa; — taille : 1ᵐ,54, gris, né en Russie en 1875. — Appartenant à M. Mazourine (M.) (Russie).

12ᵉ CATÉGORIE.

Juments de races propres à l'attelage de luxe, âgées de 3 ans (taille au-dessous de 1ᵐ,63).

256. — **Aldina**, jument; — son père, demi-sang anglais; sa mère, de race romaine; — baie, née à Rome en 1875. — Appartenant à M. le comte Telfener (J.), à Rome (Italie).

257. — Armellina, jument; — son père, demi-sang anglais; sa mère, de race romaine; — baie, née à Rome en 1875. — Appartenant à M. le comte Telfener (J.), à Rome (Italie).

258. — Bayadère, jument; — son père, Kapirat II; sa mère, par John Bull; — taille, 1ᵐ,57, bai zain, née à Saint-Gervais (Vendée) en 1875. — Appartenant à M. Mourain de Sourdeval (É.), à Saint-Gervais (Vendée).

259. — Bon Espoir, jument; — son père, Nectar; sa mère, Biche; — taille 1ᵐ,57, alezane, née à Saint-Étienne-de-Montluc (Loire-Inférieure) en 1875. — Appartenant à M. Pillet (J.), à Saint-Étienne-de-Montluc (Loire-Inférieure).

260. — Brune, jument; — son père, Ingres; sa mère, par Baryton; — taille 1ᵐ,52, alezan cerise, née à Cléder (Finistère) en 1875. — Appartenant à M. Guéguen (J.), à Cléder (Finistère).

261. — Brune, jument; — son père, Fire-King; sa mère, par Dauphin; — taille 1ᵐ,53, alezane, née à Plougoulm (Finistère) en 1875. — Appartenant à M. Grall (O.), à Plougoulm (Finistère).

262. — Cigarette, jument; — son père, Gall; sa mère, Cigarette; — taille : 1ᵐ,57, baie, née à Montigny (Sarthe) en 1875. — Appartenant à M. Lallouet (T.), à Montigny (Sarthe).

263. — Diane, jument; — son père, Abrantès; sa mère, Myosotis; — taille : 1ᵐ,60, baie, née à Saint-Léger (Orne) en 1875. — Appartenant à M. Lindet (D.), à Saint-Léger-sur-Sarthe (Orne).

264. — Diane, jument; — son père, Kapirat II ou Jambe-d'Argent; sa mère, par Necker; — taille : 1ᵐ,58, alezane, née à Saint-Gervais (Vendée) en 1875. — Appartenant à M. Batard (É.), à Saint-Gervais (Vendée).

265. — Esméralda, jument; — son père, Élu; sa mère, Alphieuc; — taille : 1ᵐ,60, baie, née à Montigny (Sarthe) en 1875. — Appartenant à M. Lallouet (T.), à Montigny (Sarthe).

266. — Fanny, jument; — son père, Murat; — taille : 1ᵐ,60, brune, née en Hollande en 1875. Appartenant à M. F. van Ginneken, Brabant septentrional (Hollande).

267. — Florence, jument; — son père, Kabin; sa mère, Rosette; — taille : 1ᵐ,60, alezane, née à Clitourps (Manche) en 1875. — Appartenant à M. Duchemin (B.), à Amfreville (Manche).

268. — Guelle, jument; — son père, Windham; sa mère, par Hermion; — taille : 1ᵐ,47, bai châtain, née à Saint-Pol-de-Léon (Finistère) en 1875. — Appartenant à M. Sévère (P.), à Saint-Pol-de-Léon (Finistère).

269. — Ingres, jument; — son père, Ingres; sa mère, par Soleil; — taille : 1ᵐ,50, alezan cerise zain, née à Cléder (Finistère) en 1875. — Appartenant à M. Guen-Tanguy, à Cléder (Finistère).

270 — Jolie, jument; — son père, Figaro; sa. mère, Marie; — taille : 1ᵐ,35, alezane, née à Hazebrouck (Nord) en 1875. — Appartenant à M. Deram (V.), à Hazebrouck (Nord).

271. — Melodia, jument; — son père, demi-sang anglais; sa mère, de race romaine; — baie, née à Rome en 1875. — Appartenant à M. le comte Telfener (J.), à Rome (Italie).

272. — Mimi, jument; — son père, Neuilly; sa mère, par John; — taille : 1ᵐ,52, alezan cerise, née à Saint-Pol-de-Léon (Finistère) en 1875 — Appartenant à M. Guivarch (J.), à Saint-Pol-de-Léon (Finistère).

273. — **Mimi,** jument; — son père, Flying-Cloud; sa mère, par Dauphin; — t ille : 1ᵐ,47, bai châtain, née à Saint-Pol-de-Léon (Finistère) en 1875. — Appartenant à M. Laot (F.), à Cléder (Finistère).

274. — **Opulente,** jument; — son père, Hamon; sa mère, Pauline; — taille : 1ᵐ,58, baie, née à Pervenchères (Orne) en 1875.—Appartenant à M. Lallouet (T.), à Montigny (Sarthe).

275. — **Palmyre,** jument; — son père, Héliodore; sa mère, Palma; — taille : 1ᵐ,59, bai clair, née à Soubise (Charente-Inférieure) en 1875. — Appartenant à M. Morin (P.-H.), à Soubise (Charente-Inférieure).

276. — **Paribella,** jument; — son père, demi-sang anglais; sa mère, de race romaine; baie, née à Rome en 1875. — Appartenant à M. le comte Telfener (J.), à Rome (Italie).

277. — **Plevna,** jument (de race Orloff); — son père, Zakrass; sa mère, Milaia; — taille 1ᵐ,55, alezan brûlé, née en Russie en 1875. — Appartenant à M. Mazourine (M.) (Russie).

278. — **Robine,** jument ; — son père, Neuilly; sa mère, par John; — taille : 1ᵐ,55, alezan doré, née à Cléder (Finistère) en 1875. — Appartenant à Mᵐᵉ veuve Rion (J.-M.), à Cléder (Finistère).

279. — **Sibérie,** jument; — son père, de race russe; sa mère, de race carrossière; — taille : 1ᵐ,51, grise, née à Limon (Nièvre) en 1875. — Appartenant à M. Mallet (C.), à Limon (Nièvre).

280. — **Thérèse,** jument; — son père, Montbars; sa mère, par Magyar; — taille : 1ᵐ,59, gris de fer, née à Muron (Charente-Inférieure) en 1875. — Appartenant à M. Mellier (J.), à Muron (Charente-Inférieure).

281. — **Topaze,** jument; — son père, Conquérant; sa mère, Arlette; — taille : 1ᵐ,60, alezan brûlé, née à Cagny (Calvados) en 1875. — Appartenant à M. le comte de Triquerville, à Cagny (Calvados).

282. — **Turquoise,** jument; — son père, Novile; sa mère, Orange; — taille : 1ᵐ57, bai brun, née à Goustranville (Calvados) en 1875. — Appartenant à M. Dambricourt-Legrand (A.), à Wizernes (Pas-de-Calais).

283. — **Vesta,** jument; — son père, Pretender; — taille : 1ᵐ,56, alezan brûlé, née à Lesneven (Finistère) en 1875. — Appartenant à M. Boutouiller (F.), à Plougoulm (Finistère).

13ᵉ CATÉGORIE.

Étalons de races propres à l'attelage de luxe, âgés de 4 ans et au-dessus (taille au-dessous de 1ᵐ,63).

284. — **Cavendish,** étalon; — son père, Quick-Silver; sa mère, par Matchless; — taille : 1ᵐ,60, rouan, né en Angleterre en 1867. — Appartenant à M. Modesse-Berquet, à Any-Martin-Rieux (Aisne).

285. — **Cyrille,** étalon; — taille : 1ᵐ,52, bai, né en 1868. — Appartenant à M. van der Schueren (E.), à Oultre, province de la Flandre orientale (Belgique).

286. — **Épreuve,** étalon; — son père, The Norfolk-Phœnomenon; sa mère, par Merlerault; — taille : 1ᵐ,60; bai foncé, né à Saint-Léonard-des-Parcs (Orne) en 1866. — Appartenant à M. Modesse-Berquet, à Any-Martin-Rieux (Aisne).

287. — **Golden-Baal,** étalon (race Norfolk); — son père, Catton; sa mère, par Quick-Silver; — taille : 1ᵐ,61, bai, né en Angleterre en 1873. — Appartenant à M. Modesse-Berquet, à Any-Martin-Rieux (Aisne).

288. — High Sherif, étalon; —son père, Confidence;— taille: 1ᵐ,60, bai, né en Angleterre en 1873. — Appartenant à la STAND-SIUD COMPANY, à Whitefield (Angleterre).

289. — Kerleunoc, étalon; — son père, Flying-Cloud; — taille . 1ᵐ,56, bai châtain zain, né à Cléder (Finistère) en 1873. — Appartenant à M. JEUNE (Y.), à Sibiril (Finistère).

290. — Lahire, étalon; — son père, Noteur; sa mère, par Solide; — taille: 1ᵐ,63, bai cerise, né en Normandie en 1863. — Appartenant au GOUVERNEMENT FRANÇAIS (dépôt d'étalons de la Roche-sur-Yon).

291. — Liber, étalon; — son père, Orgueilleux; sa mère, par Ugolin; — taille : 1ᵐ,60, bai châtain, né en Normandie en 1867. — Appartenant au GOUVERNEMENT FRANÇAIS (dépôt d'étalons de Saintes).

292. — Lodi, étalon; — son père, Noteur; sa mère, par Solide; — taille : 1ᵐ,57, bai, né en Normandie en 1867. — Appartenant au GOUVERNEMENT FRANÇAIS (dépôt d'étalons de Saint-Lô).

293. — Loubezny, étalon (de race Orloff);—son père, Loubezny; sa mère, Pestroukha; — taille : 1ᵐ,60, gris, né en Russie en 1872. —Appartenant à M. MAZOURINE (M.) (Russie).

294. — Nelson, étalon; — son père, Nelson; sa mère, Musis; — taille : 1ᵐ,60, brun foncé, né en Hollande en 1870.— Appartenant à M. VON BUCK (L.-J.), Brabant septentrional (Hollande).

295. — Norfolk, étalon;— son père, Tobolsk; sa mère, Grisette; — taille : 1ᵐ,59, né à Caulaincourt (Aisne) en 1870. — Appartenant à M. le duc DE VICENCE, à Caulaincourt (Aisne).

296. — Old England, étalon; — son père, Conquérant; sa mère, Impériale; — taille: 1ᵐ57, bai brun zain, né en France en 1870. — Appartenant à M. GUIDON (B), à Manheulles (Meuse).

297. — Oriental, étalon; — son père, Jactator; sa mère, par Émir; — taille : 1ᵐ,59, alezan, né à Écajeul (Calvados) en 1870. — Appartenant au GOUVERNEMENT FRANÇAIS (dépôt d'étalons du Pin).

298. — Orphée, étalon; — son père, The Heir of Linne; sa mère, par Ugolin; — taille : 1ᵐ,62, alezan-doré, né à Sainte-Marie-du-Mont (Manche) en 1870. — Appartenant au GOUVERNEMENT FRANÇAIS (dépôt d'étalons de Saint-Lô).

299. — Palm, étalon; — son père, Centaure; sa mère, par Thorigny; — taille: 1ᵐ,60' bai brun, né à Lignères (Orne) en 1871. — Appartenant au GOUVERNEMENT FRANÇAIS (dépôt d'étalons du Pin).

300. — Pâris, étalon; — son père, Jovial; sa mère, Jéricho; — taille : 1ᵐ,63, bai marron foncé, né à Saint-Julien-sur-Calonne (Calvados en 1871. — Appartenant au GOUVERNEMENT FRANÇAIS (dépôt d'étalons de Saintes).

301. — Péché-Mignon, étalon; — son père, Quinine; sa mère, Charmante; — taille : 1ᵐ,61, noir, né à Percy (Manche) en 1871.—Appartenant à M. CHARLIER, à Possesse (Marne).

302. — Pétoushok, étalon (trotteur russe); — son père, Pétoushok; sa mère, Nakodka; taille : 1ᵐ,59, bai brun, né en Russie en 1870. — Appartenant à M. GUILLAUMET (Russie),

303. — Phaëton, étalon; — son père, The Heir of Linne; sa mère, par Crocus; — taille : 1ᵐ,61, alezan doré, né à Saint-André-de-Bohon (Manche) en 1871. —Appartenant au GOUVERNEMENT FRANÇAIS (dépôt d'étalons du Pin.

304. — Plouénan, étalon; — son père, Prétender; sa mère, par John; — taille; 1^m,57, alezan brûlé, né à Cléder (Finistère) en 1873. — Appartenant à M. DE RUSUNAN (A.), à Plouénan (Finistère).

305. — Pompée, ex-Pompier, étalon; — son père, The Norfolk-Phœnomenon; sa mère, Épreuve; — taille : 1^m,59, bai brun, né aux Rouges-Terres (Orne) en 1871. — Appartenant à M. le duc DE VICENCE, à Caulaincourt (Aisne).

306. — Probtchik, étalon (trotteur russe); — son père, Gordy; sa mère, Bitra; — taille : 1^m,59, gris, né en Russie en 1870. — Appartenant à M. GUILLAUMET (Russie).

307. — Quickly, étalon; — son père, The Heir of Linne; sa mère, par Ugolin; — taille : 1^m,61, alezan doré, né à Sainte-Marie-du-Mont (Manche) en 1872. — Appartenant au GOUVERNEMENT FRANÇAIS (dépôt d'étalons de Saint-Lô).

308. — Ratnik, étalon (de race Orloff); — son père, Varvar; sa mère, Radeste; — taille : 1^m,56, gris, né en Russie en 1874. — Appartenant à M. MAZOURINE (M.) (Russie).

309. — Rigolot, étalon; — son père, Pretty-Boy; sa mère, Irlandaise; — taille : 1^m,61, alezan doré, né à Dives-sur-Mer (Calvados) en 1873. — Appartenant à M. BALVAY (P.), à Dives-sur-Mer (Calvados).

310. — Shiré, étalon; son père, Montmorency; sa mère, Esculape; — taille : 1^m,60, alezan, né à Notre-Dame-d'Estrées (Calvados) en 1874. — Appartenant à M. GOST, à Caen (Calvados).

311. — Sir Robinson, étalon; — son père, Ignoré; sa mère, par Robinson; — taille : 1^m,60, bai brun, né à Foucarville (Manche) en 1874. — Appartenant à M. GOST, à Caen (Calvados).

312. — Soleil, étalon; — son père, Torticolis; sa mère, Caraco; — taille : 1^m,61, bai, né à Fontenay (Calvados) en 1874. — Appartenant à M. DELAVILLE (E.), à Bretteville-sur-Odon (Calvados).

313. — Soupçon, étalon; son père, Necy; sa mère, Glorieuse; — taille : 1^m,62, bai foncé, né à Robehomme (Calvados) en 1874. — Appartenant à M. DELAVILLE (E.) à Bretteville-sur-Odon (Calvados).

314. — Stentor, étalon; — son père, Jules César; sa mère, par Bisson; — taille : 1^m,61, bai, né à Saint-Germain-de-Tallevende (Calvados) en 1874. — Appartenant à M. GOST, à Caen (Calvados).

315. — Sultan, étalon; son père, Marignan; sa mère, Julie; — taille : 1^m,58, bai châtain, né à Mesnil-Vicomte (Orne) en 1874. — Appartenant à M. DONJEAN (E.), à Marbotte (Meuse).

316. The Cambrigeshire-Roadster, étalon; — son père, Hawkestoneshales; sa mère, par Milo; — taille : 1^m,58, alezan, né en 1871. — Appartenant à M. MODESSE-BERQUET, à Any-Martin-Rieux (Aisne).

317. — Verny, étalon (de race Orloff); — son père, Zakrass; sa mère, Prakaznitza; — taille : 1^m,62, noir, né en Russie en 1871. — Appartenant à M. MAZOURINE, (M.) (Russie).

318. — Washington, étalon; — son père, Washington; sa mère, Préciosa; — taille : 1^m,59, noir, né en Prusse en 1864. — Appartenant à M. BEAUDOUIN (R.), à Danvou (Calvados).

319. — Young-Perfection, étalon; — son père, Young-Perfection; — taille : 1^m,60, bai, né en Angleterre en 1872. — Appartenant à la STAND STUD COMPANY à Whitefield (Angleterre).

14ᵉ CATEGORIE.

Juments de races propres à l'attelage de luxe, âgées de 4 ans et au-dessus (taille au-dessous de 1ᵐ,63).

320. — Aïda, jument; — grise, née à Latisana (Friuh) en 1874. — Appartenant à M. le comte Telfener (J.), à Rome (Italie).

321. — Alma, jument; — son père, Nectar; sa mère, par Isocrate; — taille : 1ᵐ,57, bai marron, née à Saint-Gervais (Vendée) en 1874. — Appartenant à M. Dufief (A.), à Saint-Gervais (Vendée).

322. — Alphérie, jument; — son père, Fitz-Pantaloon; sa mère, Ida ; — taille : 1ᵐ,58, baie, née à Montigny (Sarthe) en 1863. — Appartenant à M. Lallouet (T.), à Montigny (Sarthe).

323. — Alta, jument; — taille : 1ᵐ,57, bai brun, née en 1874. — Appartenant à M. Jasme (A.), au Petit-Rœulx-lez-Nivelles, province de Hainaut (Belgique).

324. — Armandine, jument; — son père, Imperator; — taille : 1ᵐ,59, baie, née à Saint-Germain (Charente-Inférieure) en 1874. — Appartenant à M. Gacou (L.), à Saint-Germain-de-Marencennes (Charente-Inférieure).

325. — Artémise, jument; — son père, Platoff; sa mère, par Magyar; — taille : 1ᵐ.56, bai châtain zain, née à Muron (Charente-Inférieure) en 1873. — Appartenant à M. Audouin (U.-L.), à Muron (Charente-Inférieure).

326. — Baill, jument; — son pere, Lannilis; sa mère, Cheerly — taille : 1ᵐ,60; bai cerise, nee à Sandrilloné-en-Ploudalmezeau (Finistere) en 1873. — Appartenant à M. Marzin (O.), à Sandrilloné-en-Ploudalmézeau (Finistère).

327. — Baille, jument; — son pere, Neuilly ; sa mere, par Dauphin, — taille : 1ᵐ,60, alezan doré, nee à Plouénan (Finistere) en 1874. — Appartenant à M. Uriev (O.), à Plouénan (Finistere).

328. — Baille, jument; — son père, Flying-Cloud; sa mère, par Bijou, — taille : 1ᵐ,55, alezan brûlé, née à Plouescat (Finistere) en 1873. — Appartenant à M. Mesguen (F.), à Sibiril (Finistère).

329. — Bellone, jument; son père, Gibelin; sa mère, Cuirassiere; — taille : 1ᵐ,60, bai brun, née à Reims (Marne) en 1874. — Appartenant à M. Thiebot, à Reims (Marne).

330. — Betty, jument; — son père, Anciot; sa mère, Fleurette; taille : 1ᵐ,52, rouane, née à Épensival (Marne) en 1872. — Appartenant à M. Vanin d'Épensival, à Épensival, commune d'Épense (Marne).

331. — Brown-Agnès, jument; — son père, Brown-Dayrell; sa mère, Pomponne; — taille : 1ᵐ,60, baie, née à Jonville (Seine-et-Marne) en 1874. — Appartenant à M. Moreau Chaslon, à Paris, rue de Chazelles, 45.

332. — Camélia, jument; — son père, Élu; sa mere, Crinoline; — taille : 1ᵐ,62, baie, née à Saint-Aubin-d'Appenay (Orne) en 1872. — Appartenant à M. Forcinal (P.), à Saint-Aubin-d'Appenay (Orne).

333. — Carabine, jument; — taille : 1ᵐ,58, gris pommelé, née en 1872. — Appartenant à M. Boulvin (A.), à Familleureux, province de Hainaut (Belgique).

334. — Cendrillon, jument; — son père, The Heir of Linne; sa mère, Corsaire; — taille : 1ᵐ,60, alezane, née à Sainte-Marie-du-Mont (Manche) en 1872. — Appartenant à M. Maillard (C.), à Sainte-Marie-du-Mont (Manche).

335. — Cérès, jument; — son père, Affidavit; sa mère, Espérance; — taille : 1^m,60, baie, née à Coudray (Calvados) en 1868. — Appartenant à M. Gamare (A.), à Pont-l'Évêque (Calvados).

336. — Cheerly, jument; — son père, Cheerly; sa mère, par Hermion; — taille : 1^m,62, alezan rubican, née à Sandrilloné-en-Ploudalmezeau (Finistère) en 1868. — Appartenant à M. Marzin (O.), à Sandrilloné-en-Ploudalmézeau (Finistère).

337. — Coquette, jument; — taille : 1^m,60, rouane, née en 1872. — Appartenant à M. le comte de Briey (A.), au château de la Roche, par Gençay (Vienne).

338. — Dobrina, jument (race Orloff); — son père, Droujok; sa mère, Bataréia; — taille : 1^m,60, grise, née en Russie en 1874. — Appartenant à M. Mazourine (M.) (Russie).

339. — Éclatante, jument; — son père, Irlandais; sa mère, Fleur-de-Genêt; — taille : 1^m,59, alezane, née à Troarn (Calvados) en 1874. — Appartenant à M. Onfroy (A.), à Troarn (Calvados).

340. — Écolière, jument; — son père, Extase; sa mère, Thérésa; — taille : 1^m,59, bai brun, née à Montigny (Sarthe) en 1869. — Appartenant à M. Lallouet (T.), à Montigny (Sarthe).

341. — Esmeralda, jument; — son père, Necker; sa mère, par Gambetty et Shamil; — taille : 1^m,62, alezane, née à Soullans (Vendée) en 1872. — Appartenant à M. Delaville (E.), à Bretteville-sur-Odon (Calvados).

342. — Espérance, jument; — son père, Carmen; — taille : 1^m,59, alezan doré, née à Ardillères (Charente-Inférieure) en 1870. — Appartenant à M. Marchais (M.-É.), à Ardillères (Charente-Inférieure).

343. — Espérance, jument; — son père, Montfort; sa mère, Boulonnaise; — taille : 1^m,60, gris rouan, née à Heugleville (Seine-Inférieure) en 1874. — Appartenant à M. Dambricourt-Legrand (A.), à Wizernes (Pas-de-Calais.)

344. — Etelka, jument; — son père, de race arabe; sa mère, de race hongroise; — taille : 1^m,59, baie, née à Szabolcs en 1873. — Appartenant à la Société d'élevage de chevaux, à Bude-Pesth (Hongrie).

345. — Expectation, jument; — son père, Confidence; — taille : 1^m,57, bai brun, née en Angleterre en 1872. — Appartenant à la Stand Stud Company, à Whitefield (Angleterre).

346. — Fleur d'Amour, jument ; — son père, Centaure; sa mère, Variété; — taille : 1^m,60, alezane, né à Nonant (Orne) en 1869. — Appartenant à M. Lebret, à Bieville-en-Auge (Calvados).

347. — Fleur d'Épine, jument; — son père, Lahire; sa mère, par Jambes d'Argent; — taille : 1^m,61, rouane, née au Perrier (Vendée) en 1873. — Appartenant à M. Delaville (E.), à Bretteville-sur-Odon (Calvados).

348. — Fleur de Genêt, jument; — son père : Introuvable; sa mère, Rigolette; — taille : 1^m59, alezane, née à Troarn (Calvados) en 1870. — Appartenant à M. Onfroy (A.), à Troarn (Calvados).

349. — Galka, jument; — son père, Sorvanetz, sa mère, Priatnaya; — taille : 1^m,59, noire, née en Russie en 1868. — Appartenant à M. Marais (I.), rue de l'Épinette, 10, à Saint-Mandé (Seine).

350. — Gazelle, jument; — son père, Cyclope; sa mère, Rachel; — taille : 1^m,62, bai châtain, née à Saint-Julien-le-Faucon (Calvados) en 1862. — Appartenant à M. Castillon (C.), à Troarn (Calvados).

351. — Impérieuse, jument; — son père, Utrecht; sa mère, Impérieuse; — taille : 1^m,61, baie, née à Montigny (Sarthe) en 1860. — Appartenant à M. Lallouet (T.), à Montigny (Sarthe).

352. — Irlande, jument; — son père, Irlandais; sa mère, Mignonne; — taille : 1^m,58, alezan brûlé, née à Banneville (Calvados) en 1873. — Appartenant à M. Castillon (C.), à Troarn (Calvados).

353. — Jeanne, jument; — son père, Windham; sa mère, par Bijou; — taille : 1^m,57, rouan vineux, née à Plougoulm (Finistère) en 1874. — Appartenant à M. Bihan (T.), à Plougoulm (Finistère).

354. — Jeannette, jument; — son père, Janina; sa mère, par Menadec; taille : 1^m,54, bai marron, née à Saint-Symphorien (Charente-Inférieure) en 1874. — Appartenant à M. Angée (V.), à Saint-Jean-d'Angle (Charente-Inférieure).

355. — Kamina, jument; — son père, Abrantès; sa mère, par Fitz-Pantalon; — taille : 1^m,60, bai châtain, née à Troarn (Calvados) en 1866. — Appartenant à M. Boulnois (L.), à Sarcus (Oise).

356. — Kartyas, jument; — son père, de race anglaise; sa mère, de race hongroise; — taille : 1^m,62, bai cerise, née à Forontal en 1873. — Appartenant à la Société d'élevage de chevaux, à Bude-Pesth (Hongrie).

357. — L'Allemande, jument; — taille : 1^m,58, baie, née à Lormes (Nièvre) en 1873. — Appartenant à M. Michel (P.), à Vignol (Nièvre).

358. — L'Amoureuse, jument; — son père, John Bull; sa mère, par Necker; — taille : 1^m,60, bai marron, née à Bois-de-Céné (Vendée) en 1873. — Appartenant à M. Porchet (S.), à Saint-Jean-de-Boiseau (Loire-Inférieure).

359. — Lisette, jument; — son père, Séducteur; sa mère, Alma; — taille : 1^m,59, bai cerise, née à Bursard (Orne) en 1871. — Appartenant à M. Salley (T.), à Bursard (Orne).

360. — Lucie, jument; — son père, Windham; sa mère, par Belus; — taille : 1^m,53, bai brun, née à Sibiril (Finistère) en 1874. — Appartenant à M. Guivarch (F.), à Sibiril (Finistère).

361. — Maria, jument; — son père, Disciple; sa mère, Coraille; — taille : 1^m,59, alezan doré, née à Cordemais (Loire-Inférieure) en 1873. — Appartenant à M. Babin (G.), à Cordemais (Loire-Inférieure).

362. — Mignonne, jument; — son père, Imperator; sa mère, par Émilien; — taille : 1^m,59, bai châtain, née à Muron (Charente-Inférieure) en 1871. — Appartenant à M. Monnerie (J.), à Muron (Charente-Inférieure).

363. — Mimi, jument; — son père, Misanthrope; sa mère, par Oberon; — taille : 1^m,57, rouane, née à Ardillières (Charente-Inférieure) en 1870. — Appartenant à M. Pasquier (A.), à Ardillières (Charente-Inférieure).

364. — Minerve, jument; — son père, Coral; sa mère, Bonne; — taille : 1^m,60, gris vineux, née à la Villette (Loire-Inférieure) en 1870. — Appartenant à M. Cinon (G.), à la Villette, commune de Fiossay (Loire-Inférieure).

365. — Nidia, jument; — taille : 1^m,53, grise, née à Latisana (Friuli) en 1874. — Appartenant à M. le comte Telfener (J.), à Rome (Italie).

366. — Nina, jument; — son père, de race anglaise; sa mère, de race hongroise; — taille : 1^m,60, bai cerise, née à Femes en 1873. — Appartenant à la Société d'élevage de chevaux, à Bude-Pesth (Hongrie).

367. — Patte de velours, jument; — son père, Conquérant; sa mère, Jenny; — taille : 1^m,54, rouane, née à Reux (Calvados) en 1873. — Appartenant à M. Lebourg (L.), à Reux (Calvados).

368. — Perle fine, jument; — son père, Mors-aux-dents; — taille : 1^m,58, alezane, née à Talais (Gironde) en 1862. — Appartenant à M. Bent (F.), à Talais (Gironde).

369. — **Perlette,** jument; — son père, Conquérant; sa mère, Yelva; — taille : 1^m,58, bai châtain, née à Coudray (Calvados) en 1871. — Appartenant à M. Gamare (E.), à Coudray (Calvados).

370. — **Pompière,** jument; — son père, Necker; sa mère, par Madrigal; — taille : 1^m,62, alezane, née à Saint-Gervais (Vendée) en 1870. — Appartenant à M. Batard (E.), à Saint-Gervais (Vendée).

371. — **Raquette,** jument; — son père, Irlandais ou Noteur; sa mère, Négresse; — taille : 1^m,57, baie, née à Troarn (Calvados) en 1873. — Appartenant à M. Castillon (C.), à Troarn (Calvados).

372. — **Rose-Pompon,** jument; — son père, Brocardo; sa mère, Clémentine; — taille : 1^m,62, baie, née à Varaville (Calvados) en 1864. — Appartenant à M. Hervieu (A.), à Varaville (Calvados).

373. — **Trotteuse,** jument; — son père, Hermion; sa mère, par Dauphin; — taille : 1^m,54, aubère, née à Plounevez-Lochrist (Finistère) en 1874. — Appartenant à M. Quéméner (G.), à Saint-Pol-de-Léon (Finistère).

374. — **Vénus,** jument; — son père, Palestro; sa mère, Bellote; — taille : 1^m,58, bai clair, née à Liéramont (Somme) en 1874. — Appartenant à M. Forget (E.), à Liéramont (Somme).

375. — **Violette,** jument; — son père, Héliotrope ou Centaure; sa mère, Visitandine; — taille : 1^m,61, bai brun, née à Almenèches (Orne) en 1868. — Appartenant à M. Grégoire (A.), à Almenèches (Orne).

376. — **Violette,** jument; — son père, Esculape; sa mere, Rigolette; — taille : 1^m,56, bai marron, née à Troarn (Calvados) en 1874. Appartenant à M. Onfroy (A.), à Troarn (Calvados).

377. — **Voyageuse,** jument; — son père, Gaulois ; sa mère, Brillante; — taille : 1^m,58, baie, née à Montigny (Sarthe) en 1871. — Appartenant à M. Lallouet (T.), à Montigny (Sarthe).

378. — **Y. Fanny,** jument; — son père, Ignace; sa mère, Fanny; — taille : 1^m,56, bai châtain, née à Varaville (Calvados) en 1873. — Appartenant à M. Hervieu (A.), à Varaville (Calvados).

379. — **Zerline,** jument; son père, Horace; sa mère, Coquette; — taille : 1^m,59, noire, née à Saint-Estèphe (Gironde) en 1871. — Appartenant à M. Bert (F.), à Talais (Gironde).

15° CATÉGORIE.

Étalons de races propres à la selle, âgés de 3 ans
(taille de 1^m,55 et au-dessus).

380. — **Amiral,** étalon; — son père, Gouvieux; sa mère, Arielle; — taille · 1^m,55, bai cerise, né à Kergrist-Moëlou (Côtes-du-Nord) en 1875. — Appartenant à M. le Cotennec (F.), à Kergrist-Moëlou (Côtes-du-Nord).

381. — **Duc d'Anjou II,** étalon; — son père, Prince d'Anjou ; sa mère, la Biche; — taille : 1^m,60, noir, né à Chauvigny (Mayenne) en 1875. — Appartenant à M. le comte de la Poierie, au château de Chauvigny (Mayenne).

382. — **Tabarin,** étalon, — son père, Marcelet; sa mère, par Sinope; — taille : 1^m,58, alezan, né en France en 1875. — Appartenant à M. Gosr, à Caen (Calvados).

383. — **Tableau,** étalon; — son père, Ambition; sa mère, Pastourelle; — taille : 1^m,58, alezan, né à Goustranville (Calvados) en 1875. — Appartenant à MM. Marion père et fils, à Blainville (Calvados).

384. — Tableau, étalon; — son père, Patricien; sa mère, Dame-de-Pique; — taille : 1^m,59, bai, né à Marchemaisons (Orne) en 1875. — Appartenant à M. Pierre (A.), à Caen (Calvados).

385. — Tableau, étalon; — son père, Ivanoff; sa mère, par Tamerlan; — taille : 1^m,60, noir, né en France en 1875. — Appartenant à M. le Coispellier, à Cagny (Calvados).

386. — Talisman, étalon; — son père, Conquérant; sa mère, Esmeralda; — taille : 1^m,60, bai, né à Canteloup (Calvados) en 1875. — Appartenant à M. le Dars (H.), à Éterville (Calvados).

387. — Tamarin, étalon; — son père, Sincerity; sa mère, par Buci; — taille : 1^m,56, alezan, né à Sarceaux (Orne) en 1875. — Appartenant à M. Lefevre (G.), à Fontenay-le-Marmion (Calvados).

388. — Tancrède, étalon; — son père, Dictateur; sa mère, par Bravo; — taille : 1^m,57, bai brun, né aux Pieux (Manche) en 1875. — Appartenant à MM. Marion père et fils, à Blainville (Calvados).

389. — Tant-Mieux, étalon; — son père, Kilogramme; sa mère, Hortense; — taille, 1^m,56, alezan, né à Courterat (Manche) en 1875. — Appartenant à MM. Marion père et fils, à Blainville (Calvados).

390. — Tapageur, étalon; — son père, Centaure; sa mère, par Interprete; — taille : 1^m,56, bai, né à Goustranville (Calvados) en 1875. — Appartenant à M. Brion (D.), à Gerrots (Calvados).

391. — Tasman, étalon; — son père, Muphté; sa mère, par Pigeon-Vole; — taille : 1^m,60, bai, né à Litteau (Calvados) en 1875. — Appartenant à M. Gost, à Caen (Calvados).

392. — Te-Deum, étalon; — son père, Caraffa; sa mère, par Garibaldi; — taille : 1^m,57, noir, né à Saint-Jean-de-Savigny (Manche) en 1875. — Appartenant à M. Delaville (E.), à Bretteville-sur-Odon (Calvados).

393. — Télémaque, étalon; — son père, Noville; sa mère, Cérès; — taille : 1^m,60, bai foncé, né à Pont-l'Évêque (Calvados) en 1875. — Appartenant à M. Balvay (P.), au château de Sarlabot, commune de Dives-sur-Mer (Calvados).

394. — Telus, étalon; — son père, Noville; sa mère, par Carignan; — taille : 1^m,55, bai brun, né en France en 1875. — Appartenant à M. Gost, à Caen (Calvados).

395. — Thamar, étalon; — son père, Jactator; sa mère, par Français; — taille : 1^m,58, alezan, né à Bretteville-sur-Dives (Calvados) en 1875. — Appartenant à M. Gost, à Caen (Calvados).

396. — Thémistocles, étalon; — son père, Centaure; sa mère, Hervine; — taille : 1^m,60, alezan, né à Putot-en-Auge (Calvados) en 1875. — Appartenant à MM. Marion père et fils, à Blainville (Calvados).

397. — Théodose, étalon; — son père, Fleuron; sa mère, par Destin; — taille : 1^m,60, bai marron, né à Dozulé (Calvados) en 1875. — Appartenant à M. Gost, à Caen (Calvados).

398. — Théol, étalon; — son père, Umber; sa mère, par Wladimir; — taille : 1^m,58, bai, né à Saint-Julien-sur-Calonne (Calvados) en 1875. — Appartenant à M. Brion (D.), à Gerrots (Calvados).

399. — Théon, étalon; — son père, Hussein; sa mère, par Victorieux; — taille : 1^m,60, bai cerise, né à Hemevez (Manche) en 1875. — Appartenant à M. Gost, à Caen (Calvados).

400. — Tigris, étalon; — son père, Black Eyes; sa mère, Lucie; — taille : 1^m,58, alezan, né à Lairoux (Vendée) en 1875. — Appartenant à M. Guiet (C.), à la Roche-sur-Yon (Vendée).

401. — Titien, étalon; — son père, Pretty-Boy; sa mère, par Ravissant; — taille : 1ᵐ,58, bai marron, née à Brucheville (Manche) en 1875. — Appartenant à M. DE BASLY (A.) jeune, à Saint-Contest (Calvados).

402. — Titré, étalon; — son père, Marignan; sa mère, par Julien; — taille : 1ᵐ,58, bai, né à Soullans (Vendée) en 1875. — Appartenant à M. DELAVILLE (E.), à Bretteville-sur-Odon (Calvados).

403. — Tivoli, étalon; — son père, Lahire; sa mère, par Cornichon II; — taille : 1ᵐ,57, bai châtain, né à Saint-Jean-de-Mont (Vendée) en 1875. — Appartenant à M. GUIET (C.), à la Roche-sur-Yon (Vendée).

404. — Tivoli, étalon; — son père, Marignan; — taille : 1ᵐ,57, bai zain, né à Soullans (Vendée) en 1875. — Appartenant à M. BOUILLÉ (A.), à la Boissière-en-Gatine (Deux-Sèvres).

405. — Toast, étalon; — son père, Idoménée; sa mère, Fillette; — taille : 1ᵐ,57, bai zain, né à Saint-Samson (Calvados) en 1875. — Appartenant à M. DELAVILLE (E.), à Bretteville-sur-Odon (Calvados).

406. — Toison-d'Or, étalon; — son père, Argonaud; sa mère, par Ignoré; — taille : 1ᵐ,60, noir, né à Saint-Martin-de-Varreville (Manche) en 1875. — Appartenant à M. VIEL (A.) fils, à Rucqueville (Calvados).

407. — Torpille, étalon; — son père, Sussex-Staag; sa mère, Bérénice; — taille : 1ᵐ,58, bai, né à Bourgeauville (Calvados) en 1875. — Appartenant à MM. MARION père et fils, à Blainville (Calvados).

408. — Torrent, étalon; — son père, Koping ou Reigner; sa mère, Mignonne; — taille : 1ᵐ,59, bai, né à Saint-Pierre-sur-Dives (Calvados) en 1875. — Appartenant à M. DELAVILLE (E.), à Bretteville-sur-Odon (Calvados).

409. — Touraco, étalon; — son père, Inkermann; sa mère, par Sylvio; — taille : 1ᵐ,60, alezan doré, né au haras du Pin (Orne) en 1875. — Appartenant à M. GOST, à Caen (Calvados).

410. — Tournoi, étalon; — son père, Kapiral II; sa mère, par John-Bull; — taille : 1ᵐ,59, alezan, né en France en 1875. — Appartenant à M. DELAVILLE (E.), à Bretteville-sur-Odon (Calvados).

411. — Tousian, étalon; — son père, Pretty-Boy; sa mère, par Kahel; — taille : 1ᵐ,60, alezan, né à Audouville (Manche) en 1875. — Appartenant à M. GOST, à Caen (Calvados).

412. — Trésor, étalon; — son père, Ihck; sa mère, par Ottoman; — taille : 1ᵐ,57, alezan brûlé, né à Cabourg (Calvados) en 1875. — Appartenant à M. JOUBEN (P.), à Deauville-Trouville (Calvados).

413. — Tribun, étalon; — son père, Ménélas; sa mère, Mignonne; — taille : 1ᵐ,57, bai châtain, né à Magny (Calvados) en 1875. — Appartenant à M. DELAVILLE (E.), à Bretteville-sur-Odon (Calvados).

414. — Trident, étalon; — son père, Illico; sa mère, par Ventre-Bleu; — taille : 1ᵐ,60, bai, né à Berville-sur-Mer (Eure) en 1875. — Appartenant à M. GOST, à Caen (Calvados).

415. — Triolet, étalon; — son père, Auguste; sa mère, par Ugolin; — taille : 1ᵐ,58, bai, né à Méautis (Manche) en 1875. — Appartenant à M. GOST, à Caen (Calvados).

416. — Triton, étalon; — son père, Dragon; sa mère, par Tipple-Cider; — taille : 1ᵐ,55, alezan brûlé, né à Touis (Calvados) en 1875. — Appartenant à M. GOST, à Caen (Calvados).

417. — Trocadéro, étalon; — son père, Ignace; sa mère, par Conquérant; — taille : 1ᵐ,56, bai, né à Bréville (Calvados) en 1875. — Appartenant à M. Gost, à Caen (Calvados).

418. — Trouvère, étalon; — son père, Jactator; — taille : 1ᵐ,57, alezan, né à Cambremer (Calvados) en 1875. — Appartenant à M. Gost, à Caen (Calvados).

419. — Troyes, étalon; — son père, Orphelin; sa mère, Rapide; — taille : 1ᵐ,58, bai brun, né à Vaux-sur-Aure (Calvados) en 1875.—Appartenant à M. Pierre (A.), à Caen (Calvados).

420. — Tunis, étalon; — son père, Karibon; sa mère, par Intact; — taille : 1ᵐ,58, rouan, né à la Barre-de-Mont (Vendée) en 1875. —Appartenant à M. Bouillé (A.), à la Boissière-en Gatine (Deux-Sèvres).

421. — Turenne, étalon; — son père, Tamberlick; sa mère Orpheline; —taille : 1ᵐ,58, bai, né à Saint-Pierre-du-Jonquet (Calvados) en 1875. — Appartenant à M. Pierre (A.), à Caen (Calvados),

422. — Turenne, étalon; — son père, Montmorency; sa mère, par Buci; — taille : 1ᵐ,57, alezan, né à Blainville, (Calvados) en 1875. — Appartenant à MM. Marion père et fils, à Blainville (Calvados).

423. — Turenne, étalon, — son père, Normand; sa mère, par Extase ; — taille : 1ᵐ,59, bai foncé, né à Bréville (Calvados) en 1875. — Appartenant à M. Gost, à Caen (Calvados).

424. — Turenne, étalon; — son père, El-Ghor ou Pretty-Boy; sa mère, par Giboyer; — taille : 1ᵐ,60, bai, né à Écoqueneauville (Manche) en 1875. — Appartenant à M. de Basly (A.), jeune, à Saint-Contest (Calvados).

425. — Zéro, étalon; — son père, Wingrave; sa mère, Zingara;— taille : 1ᵐ,55, bai, né en France en 1875. — Appartenant à M. Thierot, à Reims, (Marne).

16ᵉ CATÉGORIE.

Juments de races propres à la selle, âgées de 3 ans
(taille de 1ᵐ,55 et au-dessus).

426. — Adèle, jument ; — taille : 1ᵐ,55, alezane, née en 1875. — Appartenant à M. Jasme (A.), au Petit-Rœulx-lez-Nivelles, province de Hainaut (Belgique).

427. — Camélia, jument; — son père, Abrantès; sa mère, Brillante; — taille · 1ᵐ,56, bai châtain, née à Saint-Léger (Orne) en 1875. — Appartenant à M. Drouin (J.), à Saint-Léger-sur-Sarthe (Orne).

428. — Cigarette, jument; — son père, Carrouges; sa mère, la Rivière-Thibouville; — taille : 1ᵐ,58, bai clair, née à la Rivière-Thibouville (Eure) en 1875. — Appartenant à M. Lesage (H.), à la Haye-du-Theil (Eure).

429. — Cigarette, jument; — son père, Idoménée; sa mère, Gabarotte. — taille : 1ᵐ,55, bai brun, née à Agneaux (Manche) en 1875. — Appartenant à M. Quetel (A.), à Saint-Côme-du-Mont (Manche).

430. — Déa, jument; — son père, Ceylon; sa mère, par Émir; —taille : 1ᵐ,60, baie, née à Oursbéhlle (Hautes-Pyrénées) en 1875. — Appartenant à M. le marquis de Beauvoir, à Amblainville (Oise).

431. — Élégante, jument; — son père, Gall; sa mère, Alma; — taille : 1ᵐ,58, baie, née à Bursard (Orne) en 1875. — Appartenant à M. Salley (T.), à Bursard (Orne).

432. — **Frétillon**, jument; — son père, Hannon; sa mère, Frétillon; — — taille : 1^m,57, bai brun, née à Saint-Léger (Orne) en 1875. — Appartenant à M. Lindet (D.), à Saint-Léger-sur-Sarthe (Orne).

433. — **Fumée**, jument; — son père, Imperator; sa mère, par Émilien, — taille : 1^m,56, bai brun, né à Muron (Charente-Inférieure) en 1875. — Appartenant à M. Monnerie (J.), à Muron (Charente-Inférieure).

434. **Glaneuse**, jument; — son père, Ugolin; sa mère, Julia; — taille : 1^m,57, noire, née à Saint-Côme (Manche) en 1875. — Appartenant à M. Quetel (A.), à Saint-Côme-du-Mont (Manche).

435. — **Irma**, jument; — taille : 1^m,55, alezane, née en 1875. — Appartenant à M. Jasme (A.), au Petit-Rœulx-lez-Nivelles, province de Hainaut (Belgique).

436. — **Julia**, jument; — taille : 1^m,55, bai brun, née en 1875. — Appartenant à M. Lambert (E.), à Naomé, province de Namur (Belgique).

437. **Juliana**, jument; — son père, Élu; sa mère, Voyageuse; — taille : 1^m,57, baie, née à Montigny (Sarthe) en 1875. — Appartenant à M. Lallouet (T.), à Montigny (Sarthe).

438. — **Louisa**, jument; — son père, Wolfram; sa mère, par Issy; — taille : 1^m,55, bai brun, née à Soubise (Charente-Inférieure) en 1875. — Appartenant à M. Morin (P.-H.), à Soubise (Charente-Inférieure).

439. — **Louison II**, jument; — son père, Empire; sa mère, Louison I; — taille : 1^m,56, alezan brûlé zain, née à la Petite-Loge (Seine-et-Marne) en 1875. — Appartenant à M. Michon (P.), à la Petite-Loge, commune de la Haute-Maison (Seine-et-Marne).

440. — **Ma Nièce**, jument; — son père, Normand; sa mère, Fanny; — taille : 1^m,57, bai châtain, née à Varaville (Calvados) en 1875. — Appartenant à M. Hervieu (A.), à Varaville (Calvados).

441. — **Mazarine**, jument; — son père, Bacchus; sa mère, par Daniel; — taille : 1^m,59, bai châtain, née à Corlay (Côtes-du-Nord) en 1875. — Appartenant à M. Créach (P.), à Plougoulm (Finistère).

442. — **Nutmeg**, jument; — son père, Saint-Clair; sa mère, Nutgall; — taille : 1^m,57, née en 1875. — Appartenant à la Stand-Stud Company, à Whitefield (Angleterre).

443. — **Polka**, jument; — son père, Nizam; sa mère, Étoile; — taille : 1^m,57, bai cerise, née à Vandenesse (Nièvre) en 1875. — Appartenant à M. Bonneau du Martray (A.), à Vandenesse (Nièvre).

444. — **Rose-Thé**, jument; — son père, Matador; — taille, 1^m,57, alezan foncé, née à Cléder (Finistère) en 1875. — Appartenant à M. Marc (Yves), à Cléder (Finistère).

445. — **Surprise**, jument; — son père, Fly; sa mère, Normande; — taille : 1^m,56, née à Avesnes (Seine-Inférieure) en 1875. — Appartenant à M. Pépin de Sailly, à Avesnes (Seine-Inférieure).

446. — **Thérésa**, jument; — son père, Hannon; sa mère, Thérésa; — taille : 1^m,57, bai cerise, née à Saint-Aubin-d'Appenay (Orne) en 1875. — Appartenant à M. Forcinal (P.), à Saint-Aubin-d'Appenay (Orne).

447. — **Turquoise**, jument; — son père, Milanais; sa mère, Bon-Espoir; — taille : 1^m,60, baie, née à Saint-Marcouf (Manche) en 1875. — Appartenant à M. Castillon (C.), à Troarn (Calvados).

17e CATEGORIE.

Étalons de races propres à la selle, âgés de 4 ans et au-dessus (taille de 1m,55 et au-dessus).

448. — **Américain,** étalon; — son père, New-Jersey; sa mère, Trustée III; — taille : 1m,65, alezan, né en Amérique en 1870. — Appartenant à M. THIERROT, à Reims (Marne).

449. — **Bobereau,** étalon; — son père, Alcoran; sa mère, par Simon; — alezan, ne en France en 1874. — Appartenant au GOUVERNEMENT FRANÇAIS (haras de Pompadour).

450. — **Daran,** étalon; — son père, Zouave; sa mère, jument limousine; — taille · 1m,57, gris rouan vineux, né en France en 1867. — Appartenant au GOUVER-NEMENT FRANÇAIS (haras de Pompadour).

451. — **Derviche,** étalon; — son père, Dankali; sa mère, par Tiburce; — taille : 1m,50, gris vineux foncé, né en France en 1867. — Appartenant au GOUVERNE-MENT FRANÇAIS (dépôt d'étalons de Tarbes).

452. — **Favory Ier,** étalon; — son père, Favory; sa mère, Majestoso; — taille : 1m,57, blanc, né à Fogaras en 1874. — Appartenant au GOUVERNEMENT D'AUTRICHE-HONGRIE.

453. — **Fulmen,** étalon; — son père, Fulgur; sa mère, par Haleb; — taille : 1m,54, gris vineux pommelé, né à Louey (Hautes-Pyrénées) en 1859. — Appartenant au GOUVERNEMENT FRANÇAIS (dépôt d'étalons de Pau).

454. — **Sabinus,** étalon; — son père, Gall; sa mère, par Élu; — taille : 1m,59, alezan, né en France en 1874. — Appartenant à M. LE SÉNÉCAL (M.), à Bayeux (Calvados).

455. — **Samhan,** étalon; — son père, Samhan; sa mère, Schagya; — taille : 1m,59, gris souris foncé, né au haras royal de Bábolna en 1874. — Appartenant au GOU-VERNEMENT D'AUTRICHE-HONGRIE.

456. — **Saphir,** étalon; — son père, Tripp; sa mère, par Institut; — taille : 1m,60, noir, né à Bérigny (Manche) en 1874. — Appartenant à M. GOST, à Caen (Calvados).

457. — **Saumur,** étalon; — son père, Séducteur; sa mère, par Pretender; — taille : 1m,57, né à Hotot-en-Auge (Calvados) en 1874. — Appartenant à M. GOST, à Caen (Calvados).

458. — **Sirius,** étalon; — son père, Prise Figter Hambletonian; sa mère, Jane; — taille : 1m,60, bai, né en 1868. — Appartenant à M. FOUGERON (L.), à Breilly (Somme).

459. — **Sodium,** étalon; — son père, Normand; sa mère, par Conquérant; — taille : 1m,60, bai, né à Saint-Aubin-d'Arquenay (Calvados) en 1874. — Appartenant à M. GOST, à Caen (Calvados).

460. — **Songe II,** étalon; — son père, Conquérant; sa mère, Cheveux-d'Or; — taille : 1m,58, bai, né à Angoville-au-Plein (Manche) en 1874. — Appartenant à M. DE-LAVILLE (E.), à Bretteville-sur-Odon (Calvados).

461. — **Souhait,** étalon; — son père, Mustapha; sa mère, Rapide; — taille : 1m,57, alezan foncé, né en France en 1874. — Appartenant à M. DELAVILLE (E.), à Bretteville-sur-Odon (Calvados).

462. — **Specimen,** étalon; — son père, Harmonieux; sa mère, par Forey; — taille : 1m,60, bai foncé, ne à Nacqueville (Manche) en 1874. — Appartenant à M. DE-LAVILLE (E.), à Bretteville-sur-Odon (Calvados).

463. — **Star-of-the-East**, étalon; — son père, Charlie-Merrylegs; sa mère, par North Star; — taille : 1^m,56, alezan, né en Angleterre en 1872. *— Appartenant à la Stand Stud Company, à Whitefield (Angleterre).

464. — **Susité**, étalon; — son père, Télégraphe; sa mère, l'Étoile;—taille : 1^m,58, bai cerise, né en France en 1874. — Appartenant à M. Pierre (A), à Caen (Calvados).

465. — **The-Beni-Fouchtra**, étalon; — son père, Annibal; sa mère, la Fogel; — taille : 1^m,64; bai brun, né à Caillac (Cantal) en 1874. — Appartenant à M. Marty (F.), au château de Caillac (Cantal).

466. — **Trompe-la-Mort**, étalon; — son père, Ceylon; sa mère, par Karchane; — taille : 1^m,63, bai, né à Laloubère en 1873. — Appartenant au Gouvernement Français (dépôt d'étalons de Saint-Lô).

467. — **Villous**, étalon; — son père, Garibaldi; sa mère, Mignonne; — taille : 1^m,57, alezan, né en France en 1874. —Appartenant à MM. Marion père et fils, à Blainville (Calvados).

18e CATÉGORIE.

Juments de races propres à la selle, âgées de 4 ans et au-dessus (taille de 1^m,55 et au-dessus).

468. — **Amurath**, jument;—son père, Amurath-Bairactar; sa mère, Tchigya; — taille 1^m,65, blanc de lait, née au haras royal de Bábolna en 1873. — Appartenant au Gouvernement d'Autriche Hongrie.

469. — **Arany**, jument; — son père, de race hongroise; sa mère, de race hongroise; taille : 1^m,56, fauve, née à Erdély en 1872. — Appartenant à la Société d'élevage de chevaux, à Buda Pesth (Hongrie).

470. — **Baudi**, jument; — son père, de race arabe; sa mère, de race hongroise; — taille : 1^m,55, bai cerise foncé, née à Borsod en 1872. — Appartenant à la Société d'élevage de chevaux, à Buda-Pesth (Hongrie).

471. — **Berline**, jument; — son père, Y Baba; — taille : 1^m,58, alezan doré, née à Alvignac (Lot) en 1871. — Appartenant à M. Lavergne (A.), à Alvignac (Lot).

472. — **Bessie-Brown**, jument; — son père, Confidence; sa mère, par Joe-Lovelle; taille : 1^m,55, bai brun, née en Angleterre en 1873. — Appartenant à M. Plate (J.), à Werneth-Park, Lancashire (Angleterre).

473. — **Bichette**, jument;—taille : 1^m,58, baie, née en Normandie en 1872.—Appartenant à M. Anceaux (T.), à la Chapelle-sous-Gerberoy (Oise).

474. — **Blondine**, jument; — son père, Fly; sa mère, Irlandaise; — taille : 1^m,56, née à Avesnes (Seine-Inférieure) en 1874. — Appartenant à M. Pepin de Sailly (A.), à Avesnes (Seine-Inférieure).

475. — **Célina**, jument;   sa mère, la Blanche;—taille : 1^m,56, gris fer, née à Chouc (Loir-et-Cher) en 1873. — Appartenant à M. Grindelle (R.), à Saint Denis-les-Ponts (Eure-et-Loir).

476. — **Corinne**, jument; — son père, Irlandais; sa mère, par Introuvable; — taille : 1^m,60, alezane, née à Troarn (Calvados) en 1873.—Appartenant à M. Orpion (A.), à Troarn (Calvados).

477. — **Csardas**, jument; — son père, de race arabe; sa mère, de race hongroise; — taille : 1^m,60, baie, née à Csanad en 1873. — Appartenant à la Société d'élevage de chevaux, à Buda-Pesth (Hongrie).

478. — Csillag, jument; — son pere, de race anglaise; sa mère, de race hongroise — taille : 1^m,67, bai cerise foncé, née à Somogy en 1873. — Appartenant à l. Société d'élevage de chevaux, à Buda-Pesth (Hongrie).

479. — Csinos, jument; — son père, de race anglaise; sa mère, de race hongroise — taille : 1^m,58, bai cerise, née à Somogy en 1872. — Appartenant à la Sociét d'élevage de chevaux, à Buda-Pesth (Hongrie).

480. — La Cuirassière, jument; — taille : 1^m,65, bai châtain, née en Normandi en 1868. — Apartenant à M. Thiennot, à Reims (Marne).

481. — Déjanire, jument; — son père, Noteur; sa mère, par Umber; — taille : 1^m,60 baie, née à Troain (Calvados) en 1873. — Appartenant à M. Gosi, à Caen (Calvados).

482. — Demoiselle, jument; — son pere, Agenda; — taille : 1^m,61, bai cerise, née à Andouville (Manche) en 1871. — Appartenant à M. Dupovt, à Vitré (Ille-et-Vilaine).

483. — Edith, jument; — son père, Clear-The-Vay; — taille : 1^m,58, rouane, née à Montigny (Sarthe) en 1874. — Appartenant à M. Lallouet (T.), à Montigny (Sarthe).

484. — Emma, jument; — son père, de race hongroise; sa mere, de race hongroise — taille : 1^m,56, rouan vineux, née à Erdély en 1873. — Appartenant à la Société d'élevage de chevaux, à Buda-Pesth (Hongrie).

485. — La Esmeralda, jument; — son père, Tamberlick; sa merc, Milady; — taille : 1^m,57, alezane, née à Varaville (Calvados) en 1874. — Appartenant à M. Hervieu (A.), à Varaville (Calvados).

486. — Fanny, jument; — son père, de race arabe; sa mère, de race hongroise; — taille : 1^m,59, bai clair, née à Borsod en 1873. — Appartenant à la Société d'élevage de chevaux, à Buda-Pesth (Hongrie).

487. — Fantaisie, jument; — son père, Furioso; sa mère, Armide; — taille 1^m,55, baie, née à Saint-Mamet (Cantal) en 1874. — Appartenant à M. Cabanes (L.), à Saint-Mamet (Cantal).

488. — Fauvette, jument; — son père, Diamant; sa mère, Fantasca; — taille 1^m,60, alezane, née à Taissy (Marne) en 1874. — Appartenant à M. Ballot (F.-A.), à Taissy (Marne).

489. — Favory II, jument; — son père, Favory; sa mère, Incitato; — taille 1^m,55, baie, née à Fogaras en 1874. — Appartenant au Gouvernement d'Autriche-Hongrie.

490. — Ferka, jument; — son père, de race arabe; sa mère, de race hongroise; — taille : 1^m,56, gris rouge, née à Erdély en 1873. — Appartenant à la Société d'élevage de chevaux, à Buda-Pesth (Hongrie).

491. — Finette, jument; — son père, Memorable; sa mère, par Amadis; — taille : 1^m,56, bai brun, née à Yves (Charente-Inférieure) en 1873. — Appartenant à M. Amiot (A.), à Rochefort (Charente-Inférieure).

492. — Flora, jument; — taille : 1^m,61, rouane, née en Angleterre. — Appartenant à M. le duc de Vicence, à Caulaincourt (Aisne).

493. — Florence, jument; — son père, Gaulois; sa mère, Impérieuse; — taille : 1^m,57, baie, née à Montigny (Sarthe) en 1872. — Appartenant à M. Lallouet (T.), à Montigny (Sarthe).

494. — Futuna, jument; — son père, Ignace; sa mère, Margot; — taille : 1^m,55, bai châtain, née à Varaville (Calvados) en 1873. — Appartenant à M. Hervieu (A.), à Varaville (Calvados).

495. — La Gitana, jument; — son père, Lemore; sa mère, Australie; — taille : 1m,56, bai châtain, née à Varaville (Calvados) en 1874. — Appartenant à M. Hervieu (A.), à Varaville (Calvados).

496. — Glorieuse, jument; — son père, Séducteur; sa mère, Écolière; — taille : 1m,59, alezane, née à Montigny (Sarthe) en 1873. — Appartenant à M. Lallouet (T.), à Montigny (Sarthe).

497. — Ilka, jument; — son père, de race anglaise; sa mère, de race hongroise; — taille : 1m,59, bai clair, née à Somogy en 1873. — Appartenant à la Société d'élevage de chevaux, à Buda-Pesth (Hongrie).

498. — Isabelle, jument; — son père, Gall; sa mère, Alma; — taille, 1m,58, bai clair, née à Bursard (Orne) en 1874. — Appartenant à M. Salley (T.), à Bursard (Orne).

499. — Juno, jument; — son père, de race anglaise, sa mère, de race hongroise; — taille : 1m,67, alezan foncé, née à Somogy en 1873. — Appartenant à la Société d'élevage de chevaux, à Buda-Pesth (Hongrie).

500. — Kaizer, jument; — son père, de race anglaise; sa mère, de race hongroise; — taille : 1m,65, bai cerise, née à Gyor en 1873. — Appartenant à la Société d'élevage de chevaux, à Buda-Pesth (Hongrie).

501. — Kiesi, jument; — son père, de race arabe; sa mère, de race hongroise; — taille : 1m,55, blanc simple, née à Szabolcs en 1873. — Appartenant à la Société d'élevage de chevaux, à Buda-Pesth (Hongrie).

502. — Lucya, jument; — son père, Conquérant; sa mère, Élisa; — taille : 1m,58, alezan clair, née à Coudray-Rabut (Calvados) en 1872. — Appartenant à M. Goubert (L.), à la Vacherie, commune de Barquet (Eure).

503. — Mademoiselle-Du-Perrier, jument; — son père, Julien; sa mère par Necker; — taille : 1m,56, baie, née à Perrier (Vendée) en 1874. — Appartenant à M. Pajor (D.), à Perrier (Vendée).

504. — Malvina, jument; — son père, John-Bull; sa mère, par Froshdorff; — taille : 1m,59, alezane, née à Bois-de-Céné (Vendée) en 1873. — Appartenant à M. Crochet (P.), à Soullans (Vendée).

505. — Mazurka, jument; — son père, Inkermann; sa mère, Cocotte; — taille : 1m,58, baie, née à la Cochère (Orne) en 1874. — Appartenant à M. Cavey (C.), à la Cochère (Orne).

506. — Médarine, jument; — son père, Bédouin; sa mère, Jeanneton; — taille : 1m,58, bai châtain, née à Saint-Aubin (Indre) en 1868. — Appartenant à M. Vauville (E.), à Saint-Aubin (Indre).

507. — Merges, jument; — son père, de race anglaise; sa mère, de race arabe; — taille : 1m,62, bai cerise, née à Bacs en 1873. — Appartenant à la Société d'élevage de chevaux, à Buda-Pesth (Hongrie).

508. — Mignonne, jument; — son père, Hargneux; — taille : 1m,60, bai châtain, née à Saint-Gervais (Vendée) en 1869. — Appartenant à M. Dufief (A.), à Saint-Gervais (Vendée).

509. — Mika, jument; — son père, Succès; sa mère, Ténébreuse; — taille : 1m,58, alezane, née à Tirepied (Manche) en 1871. — Appartenant à M. Leroy (J.), à Saint-Aubin-de-Terregatte (Manche).

510. — Miss-Crane, jument; — taille 1m,63, rouanne, née en Angleterre en 1868. — Appartenant à M. le comte de Pully (E.), au château de Puygnaut (Vienne).

511. — Odette, jument ; — son père, Diamant ; sa mère, race Norfolk, — taille, 1ᵐ,55, bai cerise, née à Taissy (Marne) en 1874. — Appartenant à M. Boisseau (F.), à Reims (Marne).

512. — Paquerette, jument ; — son père, Idoménée ; sa mère, par Lahore ; — taille : 1ᵐ,55, alezane, née à Agneaux (Manche) en 1874. — Appartenant à M. Gost, à Caen (Calvados).

513. — Paquerette, jument ; — son père, Conquérant ; sa mère, Modestie ; — taille : 1ᵐ,60, bai brun, née à Saint-Côme-du-Mont (Manche) en 1873. — Appartenant à M. Allix-Courboy (E.), à Saint-Côme-du-Mont (Manche).

514. — Paquita, jument ; — taille : 1ᵐ,62, alezan brûlé, née en Angleterre en 1869. — Appartenant à M. le comte DE Pully (E.), au château de Puygirault (Vienne).

515. — Pluto, jument ; son père, Pluto ; sa mère, Conversano ; — taille : 1ᵐ,55, blanche, née à Fogaras en 1874. — Appartenant au Gouvernement d'Autriche-Hongrie.

516. — Préférence, jument ; — son père, Young ; sa mère, Gertrude ; — taille : 1ᵐ,61, bai foncé, né à Serquigny (Eure) en 1871. — Appartenant à M. Castillon (C.), à Troarn (Calvados).

517. — Résolue, jument ; — son père, Affidavit ; sa mère, Espérance ; — taille : 1ᵐ,60, bai châtain, née à Coudray (Calvados) en 1873. — Appartenant à M. Gavare (E.), à Coudray (Calvados).

518. — Ritta, jument ; — son père, Kovono, — taille : 1ᵐ,58, rouan vineux, né à Jau (Gironde) en 1873. — Appartenant à M. Coutaut (G.), à Lesparre (Gironde).

519. — Rosa, jument ; — son père, Noteur ; sa mère, Sophie ; — taille : 1ᵐ,60, bai marron, née à Troarn (Calvados) en 1873. — Appartenant à M. Castillon (C.), à Troarn (Calvados).

520. — Rosalind, jument ; — son père, Laughing-Stock ; sa mère, Lady Lyne ; — taille : 1ᵐ,62, bai brun, née en Angleterre en 1873. — Appartenant à la Stand Siud Company, à Whitefield (Angleterre).

521. — Rosière, jument ; — son père, Condé ; sa mère, Fortunée ; — taille : 1ᵐ,57, grise, née à Montigny (Sarthe) en 1872. Appartenant à M. Lalloubet (T.), à Montigny (Sarthe).

522. — Rozsi, jument ; — son père, de race arabe ; sa mère, de race hongroise ; — taille : 1ᵐ,60, baie, née à Csanad en 1873. — Appartenant à la Société d'Élevage de chevaux, à Buda-Pesth (Hongrie).

523. — Sarga, jument ; — son père, de race anglaise ; sa mère, de race hongroise ; — taille : 1ᵐ,62, alezane, née à Gyor en 1873. — Appartenant à la Société d'Élevage de chevaux, à Buda-Pesth (Hongrie).

524. — Sauterelle, jument ; — son père, Jambes-d'Argent ; sa mère, par Brocardo ; — taille : 1ᵐ,56, baie, née à Saint-Urbain (Vendée) en 1874. — Appartenant à M. Arnaud (J.), à Saint Urbain (Vendée).

525. — Shara, jument ; — son père, Irlandais ; sa mère, Fil-en-Quatre ; — taille : 1ᵐ,55, bai marron, née à Troarn (Calvados) en 1874. — Appartenant à M. Castillon (C.), à Troarn (Calvados).

526. — Silla, jument ; — son père, de race anglaise ; sa mère, de race hongroise ; — taille : 1ᵐ,65, bai cerise, née à Gyor en 1873. — Appartenant à la Société d'Élevage de chevaux, à Buda-Pesth (Hongrie).

527. — Surprise, jument ; — son père, Nassin ; sa mère, par Coriolan ; — taille : 1ᵐ,57, alezan doré, née à Vielle-Adour (Hautes-Pyrénées) en 1874. — Appartenant à M. Fourcade-Lary, à Vielle-Adour (Hautes-Pyrénées).

528. — Suzanne, jument;   son père, Tamberlick, sa mère, Ouvrière; — taille : 1ᵐ,60, bai clair, née à Troarn (Calvados) en 1874. — Appartenant à M. Castillon (C.), à Troarn (Calvados).

529. — Szilaj, jument; — son père, de race anglaise, sa mère, de race hongroise; — taille : 1ᵐ,60, bai clair, née à Csanad en 1873. — Appartenant à la Société d'élevage de chevaux, à Buda-Pesth (Hongrie).

530. — Tentative, jument; — son père, Conquérant; sa mère, par Sultan; taille · 1ᵐ,57, alezan brûlé, née à Douville (Calvados) en 1866. — Appartenant à M. Jouben (P.), à Deauville-Trouville (Calvados).

531. — Vemhes, jument; — son père, de race anglaise; sa mère, de race hongroise; — taille : 1ᵐ,63, bai cerise, née à Gyor en 1873. — Appartenant à la Société d'élevage de chevaux, à Buda-Pesth (Hongrie).

532. — Zsido, jument;   son père, de race hongroise; sa mère, de race hongroise; — taille : 1ᵐ,55, noire, née à Szabolcs en 1873. — Appartenant à la Société d'élevage de chevaux, à Buda-Pesth (Hongrie).

533.   Zsuzsi, jument; — son père, de race arabe; sa mère, de race hongroise; — taille : 1ᵐ,58, bai foncé, née à Erdely en 1873. — Appartenant à la Société d'élevage de chevaux, à Buda-Pesth (Hongrie).

534. — Jument hongroise.

535. — Jument hongroise.

536. — Jument hongroise.

537. — Jument hongroise.

538. — Jument hongroise.

539. — Jument hongroise.

540.   Jument hongroise.

19ᵉ CATÉGORIE.

Étalons de races propres à la selle, âgés de 3 ans
(taille de 1ᵐ,47 et au-dessous de 1ᵐ,55).

541. — Alouf, étalon; — son père, Aviso; sa mère, par Fulgur; — taille : 1ᵐ,50, gris, né à Ju-Belloc (Gers) en 1875.   Appartenant à M. Desbons (A.), à Maubourguet (Hautes-Pyrénées).

542. — Arthur, étalon; — son père, Abou-Farès; sa mère, par Bayard; — taille 1ᵐ,53, alezan, né à Antist (Hautes-Pyrénées) en 1875. — Appartenant à M. Senmartin (J.), à Antist (Hautes-Pyrénées).

543. — Avit, étalon;   son père, Émir; sa mère, Désirée; — taille : 1ᵐ,52, gris foncé vineux, né à Horgues (Hautes-Pyrénées) en 1875. — Appartenant à M. Duffau (L.), à Horgues (Hautes-Pyrénées).

544. — Caïd, étalon; — son père, Émir; sa mère, Fantasca; — taille : 1ᵐ,47, alezan, né à Taissy (Marne) en 1875. — Appartenant à M. Ballot (F.-A.), à Taissy (Marne).

545. — Le Charmeur, étalon;   son père, Bosost; sa mère, Électrique; — taille · 1ᵐ,48, alezan zain, né à Barenton-Cel (Aisne) en 1875. — Appartenant M. Leroy (P.), à Chantilly (Oise).

546. — Épi-d'Or, étalon; — son père, Gouvieux; sa mère, Clair-de-Lune; — taille · 1ᵐ,54, bai marron, né à Sainte-Tréphine (Côtes-du-Nord) en 1875. — Appartenant à M. Rohon (P.), à Plouguernevel (Côtes-du-Nord).

547. — Kerdehoret, étalon; — son père, Beauvais; sa mère, par Romeu, — taille : 1^m,53, alezan doré, né à Corlay (Côtes-du-Nord) en 1875. — Appartenant à M. Corre (F.), à Lannilis (Finistère).

548. — Niger II, étalon; — son père, Niger; sa mère, Esméralda; — taille : 1^m,53, bai brun, né à Macé (Orne) en 1875. — Appartenant à M. Fonlupt-Lefaure, à Elbeuf (Seine-Inférieure).

349. — Ordinal, étalon; — son père, Ordinal; — taille : 1^m,54, bai brun, né à Saint-Mard (Charente-Inférieure) en 1875. — Appartenant à M. Désiré (F.), à Saint-Mard (Charente-Inférieure).

550. — Prickwillow, étalon; — son père, Confidence; sa mère, par Tice's-Prickwillow; — taille : 1^m,50, bai brun, né en Angleterre en 1875. — Appartenant à la Stand Stud Company, à Whitefield (Angleterre).

551. — Rag-Merchant, étalon; — son père, Kilomètre; sa mère Espérance; — taille : 1^m,53, noir, né à Elbeuf (Seine-Inférieure) en 1875. — Appartenant à M. Fonlupt-Lefaure, à Elbeuf (Seine-Inférieure).

552. — Schamyl, étalon; — son père, Tourayazi; sa mère, Bretonne; — taille : 1^m,49, gris argenté, né à Saint-Aaaron (Côtes-du-Nord) en 1875. — Appartenant à M. Marin (C.), à Launay Pleslin (Côtes-du-Nord).

553. — Tact, étalon; — son père, Tamberlick; sa mère, par Marengo; — taille : 1^m,54, alezan, né à Saint-Samson (Calvados) en 1875. — Appartenant à M. Gost, à Caen (Calvados).

554. — Télégraphique, étalon, — son père, Macouba; sa mère, par Urus; — taille : 1^m,52, alezan, né à Vernix (Manche) en 1875. — Appartenant à M. Gost, à Caen (Calvados).

555. — Téléphone, étalon; — son père, Liberator; sa mère, par Jactator; taille : 1^m,54, alezan, né à Biéville (Calvados) en 1875. — Appartenant à M. Gost, à Caen (Calvados).

556. — Thermidor, étalon; — son père, Niger; sa mère, Pantomime; — taille : 1^m,54, bai, né au Sap (Orne) en 1875. — Appartenant à M. Lallouet (T.), à Montigny (Sarthe).

557. — Timide, étalon; — son père, Garde-à-Vous; sa mère, Martine; — taille : 1^m,52, alezan, né à Coutances (Manche) en 1875. — Appartenant à MM. Marion père et fils, à Blainville (Calvados).

558. — Tivoli, étalon; — son père, Ilick; sa mère, Sultane; — taille : 1^m,52, bai, né à Varaville (Calvados) en 1875. — Appartenant à M. Gost, à Caen (Calvados).

559. — Toréador, étalon; — son père, Sussex-Staag; sa mère, Helvire; — taille : 1^m,54, bai, né à Saint-Samson (Calvados) en 1875. — Appartenant à MM. Marion père et fils, à Blainville (Calvados).

560. — To-To, étalon; — son père, Pietro; sa mère, par Roméo; — taille : 1^m,54, bai châtain, né à Louvaines (Maine-et-Loire) en 1875. — Appartenant à MM. Marion père et fils, à Blainville (Calvados).

561. — Toupet, étalon; — son père, Marco-Spada; sa mère, par Riga; — taille : 1^m,53, bai brun, né à Saint-Martin de-Varreville (Manche) en 1875. — Appartenant à MM. Marion père et fils, à Blainville (Calvados).

562. — Touriste, étalon; — son père, Nassim; sa mère, par The-Heir-of-Linne; — taille : 1^m,53, alezan, né à Bernac-Debat (Hautes-Pyrénées) en 1875. — Appartenant à M. Pierre (A.), à Caen (Calvados).

563. — Trajan, étalon; — son père, Conquérant; sa mère, par J'y-Songerai; — taille : 1^m,54, alezan, né à Canteloup (Calvados) en 1875. — Appartenant à M. Ledars (H.), à Éterville (Calvados).

564. — Transir, étalon, — son père, Montbars; sa mère, par Oracle; —taille : 1ᵐ,52, bai clair, né à Saint-Crépin (Charente-Inférieure) en 1875. — Appartenant à M. Moynerie (J.), à Muron (Charente-Inférieure).

565. — Trapèze, étalon, — son père, Affidavit; sa mère, par Phœnomenon; — taille : 1ᵐ,54, bai cerise, né à Saint Benoit-d'Hebertot (Calvados) en 1875. — Appartenant à M. de Basly jeune (A.), à Saint-Contest (Calvados).

566. — Trim, étalon; — son père, Tamberlick; sa mère, par Électrique; — taille : 1ᵐ,54, bai, né à Putot-en-Auge (Calvados) en 1875. — Appartenant à MM. Marion père et fils, à Blainville (Calvados).

567. — Tringa, étalon; — son père, Centaure; sa mère, Jeanne-d'Arc; —taille : 1ᵐ,54, alezan, né à Rumesnil (Calvados) en 1875. — Appartenant à M. Gost, à Caen (Calvados).

568. — Triton, étalon; — son père, Oranger; sa mère, Poulot; — taille : 1ᵐ,52, bai clair, né à Condé-sur-Vire (Manche) en 1875. — Appartenant à M. Delaville (E.), à Bretteville-sur-Odon (Calvados).

569. — Triton, étalon; — son père, Jambes-d'Argent; sa mère, par Profane; — taille : 1ᵐ,54, alezan, né en France en 1875. — Appartenant à M. Guiet (C.), à la Roche-sur-Yon (Vendée).

570. — Tug, étalon; — son père, Élu; sa mère, par Gaulois; — taille : 1ᵐ,54, bai, né à Lignières-la-Carelle (Sarthe) en 1875. — Appartenant à M. Gost, à Caen (Calvados).

571. — Turburu, étalon; — son père, Nadar; sa mère, par Gil-Blas; — taille : 1ᵐ,52, bai clair, né à Gourbesville (Manche) en 1875. — Appartenant à M. Gost, à Caen (Calvados).

572. — Turco, étalon; — son père, Jactator; sa mère, Cora; — taille : 1ᵐ,53, bai brun, né à Mézidon (Calvados) en 1875. — Appartenant à M. Delaville (E.), à Bretteville-sur-Odon (Calvados).

573. — Zéphir, étalon; — son père, Windham; sa mère, par Aubriot; — taille : 1ᵐ,53, bai cerise, né à Plouénan (Finistère) en 1875. — Appartenant à M. Bihan (G.), à Plouénan (Finistère).

20ᵉ CATÉGORIE.

Juments de races propres à la selle, âgées de 3 ans
(taille de 1ᵐ,47 et au-dessous de 1ᵐ,55).

574. — Adour, jument; — son père, Abou-Farès; sa mère, par Bayard; — taille : 1ᵐ,48, baie, née en France en 1875. — Appartenant à M. le marquis de Beauvoir, à Amblainville (Oise).

575. — Alerte, jument; son père, Dankali; sa mère, Vivacité; — taille : 1ᵐ,50, grise, née à Aurensan (Hautes-Pyrénées) en 1875. — Appartenant à M. Belbèze (S.), à Aurensan (Hautes-Pyrénées).

576. — Aurora, jument; — son père, Meschoud; sa mère, Antarine; — taille : 1ᵐ,50, gris rouan, née à Aurillac (Cantal) en 1875. — Appartenant à M. Ramond (J.), à Aurillac (Cantal).

577. — Biche, jument; — son père, Gamin; sa mère, Bibi; — taille : 1ᵐ,50, bai brun, née à Void (Meuse) en 1875. — Appartenant à M. Broquet (A.-V.), à Void (Meuse).

578. — Blidah, jument; — taille . 1ᵐ,51, bai clair, née en 1875. — Appartenant à M. Lefèvre-Lambelin (A.), à Taintignies, province de Hainaut (Belgique).

379. — Brunette, jument ; — son père, Originel ; sa mère, la Grise ; — taille ; 1^m,48, bai cerise, née à Bacqueville (Seine-Inférieure) en 1875. — Appartenant à M. LE-FORESTIER (A.), à Bacqueville (Seine-Inférieure).

380. — Chavire, jument ; — son père, Montfort ; sa mère, la Blonde ; — taille : 1^m,50, gris rouan, née à Bacqueville (Seine-Inférieure) en 1875. — Appartenant à M. LE-FORESTIER (A.), à Bacqueville (Seine-Inférieure).

381. — Confidentia, jument ;   son père, Confidence ; sa mère, par Tice's-Prickwillow ;   taille : 1^m,52, bai brun, née en 1875. — Appartenant à la STAND STUD COMPANY, à Whitefield (Angleterre).

382. — Cybèle, jument ; — son père, Ceylon ; sa mère, Karchane ;   taille : 1^m,53, grise, née à Tarbes (Hautes-Pyrénées) en 1875. — Appartenant à M. LARRO-QUE (J.), à Tarbes (Hautes-Pyrénées).

383. Diablotine, jument ; — son père, Ceylon ; sa mère, par Diavolo ; — taille · 1^m,54, alezane, née à Bours (Hautes-Pyrénées) en 1875. — Appartenant à M. LARTIGUE (J.-M.), à Bours (Hautes-Pyrénées).

384. Ébène, jument ;   son père, Niger ; sa mère, par Bayard ;   taille · 1^m,53, noir zain, née à Beaubec-la-Rosière (Seine-Inférieure) en 1875. — Appartenant à M. MÉNAGE (M.), à Beaubec-la-Rosière (Seine-Inférieure).

385. — Fleurette, jument ; — son père, Fulgur ; sa mère, par Zodion ; — taille · 1^m,52, baie, née à Trébons (Hautes-Pyrénées) en 1875. — Appartenant à M. LA-LANNE (H.), à Trébons (Hautes-Pyrénées).

386. — Ida, jument ;   son père, Ovide ; sa mère, Gazelle ; — taille : 1^m,54, baie, née à Saint-Léger (Orne) en 1875. — Appartenant à M. LINDET (D.), à Saint-Léger-sur-Sarthe (Orne).

387. — La Biche, jument ; — son père, Lancastre ; sa mère, Baillesse ; — taille : 1^m,49, noir mal teint, née à Plouguernevel (Côtes-du-Nord) en 1875. — Appartenant à M. LATOUCHE (J.-M.), à Rostrenen (Côtes-du-Nord).

388. — Liberté, jument ; — son père, Liber ; sa mère, Alida ; — taille · 1^m,50, bai cerise, née à Soubise (Charente-Inférieure) en 1875. — Appartenant à M. MORIN (P.-H.), à Soubise (Charente-Inférieure).

389. — Livonie, jument ; — son père, Jambes-d'Argent ; sa mère, Mignonne ; — taille · 1^m,53, rouan vineux, née à Saint-Gervais (Vendée) en 1875. — Appartenant à M. DUFIER (A.), à Saint-Gervais (Vendée),

390. — Margot, jument ; — son père, Gibelin ; sa mère, la Chatte ; — taille : 1^m,52, alezan foncé, née à Reims (Marne) en 1875. — Appartenant à M. CHARBONNEAU (E.), à Reims (Marne).

391. — Miss-Margot, jument ;   son père, Normand ; sa mère, Margot ; — taille · 1^m,53, bai marron foncé, née à Varaville (Calvados) en 1875.   Appartenant à M. HERVIEU (A.), à Varaville (Calvados).

392. — Peau-d'Ane, jument ; — son père, Hadidi ; sa mère, Finette ; — taille : 1^m,47, gris vineux, née à Beaulieu (Cantal) en 1875. — Appartenant à M. CHAVAROCHE (H.), à Beaulieu (Cantal).

393. — Peau-d'Ane, jument ; — son père, Harold ; sa mère, Cendrillon ; — taille · 1^m,48, alezane, née à Beaumont-sur-Sardolles (Nièvre) en 1875. — Appartenant à M. le vicomte DE SAINT-VALLIER, à Beaumont-sur-Sardolles (Nièvre).

594. Poulette, jument ; — son père, Ordinal ; — taille : 1^m,51, bai brun zain, née à Muron (Charente-Inférieure) en 1875. — Appartenant à M. MELLIER (J.), à Muron (Charente-Inférieure).

593. — Souveraine, jument; — son père, Fulgur ; sa mère, par Coran ; — taille : $1^m,53$, alezane, née à Trébons (Hautes-Pyrénées) en 1875. — Appartenant à M. Abadie (A.), à Bourrepaux (Hautes-Pyrénées).

596.   Traviata, jument; — son père, Trovatore; — taille : $1^m,53$, née à Clairac (Lot-et-Garonne) en 1875. — Appartenant à M. de Fernov (S.), à Clairac (Lot-et-Garonne).

597. — Vénus, jument;   son père, Marignan; sa mère, Orange; — taille : $1^m,52$, bai foncé châtain, née à Sentilly (Orne) en 1875. — Appartenant à M. Moulinet (P.), à Sentilly (Orne)

21ᵉ CATÉGORIE.

Étalons de races propres à la selle, âgés de 4 ans et au-dessus (taille de 1ᵐ,47 et au-dessous de 1ᵐ,55).

598. — All-Fours, étalon ; — son père, Denmark; sa mère, par Tom-Thumb; — taille. $1^m,54$, bai, né en Angleterre en 1874. — Appartenant à la Stand Stud Company, à Whitefield (Angleterre).

599. — Charley-Merrylegs, étalon;   son père, Royal-Charley; sa mère, Beauty; — taille : $1^m,50$, alezan foncé, né en Angleterre en 1873. — Appartenant à M. Firth Crowther (J.), à Knowl Grove (Angleterre).

600. — Général, étalon; — taille : $1^m,51$, gris, né en 1874. — Appartenant à M. Migeotte (L.), à Jamagne, province de Namur (Belgique).

601. — Little-Wonder, étalon; — son père, Royal-Oak; sa mère, par Rochester; — taille : $1^m,54$, bai, né en Angleterre en 1871. — Appartenant à la Stand Stud Company, à Whitefield (Angleterre).

602. — Pontife, étalon; — son père, Kléber; sa mère, Réblot; — taille : $1^m,54$, bai marron, né en France en 1871. — Appartenant à M. Donjean (E.), à Marbotte (Meuse).

603. — Sapeur, étalon; — son père, Lodi; sa mère, par Urus; — taille : $1^m,54$, alezan, né à Val-Saint-Pair (Manche) en 1874. — Appartenant à M. Gost, à Caen (Calvados).

604. — Songe, étalon;   son père, Conquérant; sa mère, Jenny; — taille : $1^m,54$, alezan, né à Reux (Calvados) en 1874. — Appartenant à M. Ledars (H.), à Eterville (Calvados).

605. — Souvenir, étalon; — son père, Agenda; sa mère, Sophie; — taille : $1^m,52$, alezan brûlé, né en France en 1874. — Appartenant à M. Delaville (E), à Bretteville-sur-Odon (Calvados).

606. — Surprenant et Solipède, étalon; — son père, Ugolin; sa mère, Ballette; — taille · $1^m,52$, alezan zain, né à Saint-Côme (Calvados) en 1874. — Appartenant à M. Delaville (É.), à Bretteville-sur-Odon (Calvados).

607. — Tarquin, étalon; — son père, Narvaez; sa mère, par Zouave; — taille : $1^m,53$, alezan, né en 1873. — Appartenant à M. Curial (G.), au château de Laxion (Dordogne).

608. — Young Fireaway, étalon;   son père, President; sa mère, par Charlie-Merrylegs et British Queen; — taille : $1^m,52$, bai brun, né en Angleterre en 1873. — Appartenant à M. Holmes (G.), à Albemarle, Crescent, Scarboro (Angleterre).

609. — Zodius, étalon; — son père, Zodion; sa mère, par Bayard; — taille : $1^m,54$, gris vineux, né à Vieille-Adour (Hautes-Pyrénées) en 1874. — Appartenant au Gouvernement français, dépôt d'étalons de Tarbes.

22ᵉ CATEGORIE.

Juments de races propres à la selle, agées de 4 ans et au-dessus (taille de 1ᵐ,47 et au-dessous de 1ᵐ,55).

610. — Aïda, jument; — son père, Zouave; sa mère, Candide; — taille : 1ᵐ,52, gris de fer, née à Boisseuil (Haute-Vienne) en 1874. — Appartenant à M. Dumont-Saint-Priest, à Limoges (Haute-Vienne).

611. — Alice, jument; — son père, Niger; sa mère, par Silvio; — taille : 1ᵐ,53, bai châtain, née à Beaubec-la-Rosière (Seine-Inférieure) en 1874. — Appartenant à M. Mévage (N.), à Beaubec-la-Rosière (Seine Inférieure).

612. — Alice, jument; — taille : 1ᵐ,49, bai brun, née en 1873. — Appartenant à M. Tiberghien (P.), à Manage, province de Hainaut (Belgique).

613. — Alcine, jument; — son père, Moor; sa mère, Armide; — taille : 1ᵐ,51, alezane, née à Saint-Mamet (Cantal) en 1869. — Appartenant à M. Cabanes (L.), à Saint-Mamet (Cantal).

614. — Beïtha, jument; — taille : 1ᵐ,49, bai foncé, née en Syrie, en 1869. — Appartenant à M. Tricou (A.), à Pau (Basses-Pyrénées).

615. — Bibi, jument; — taille : 1ᵐ,51, bai brun, née en 1868. — Appartenant à M. Broquet (A.-V.), à Void (Meuse).

616. — Biche, jument; — son père, Gouvieux; sa mère, par Daniel; — taille : 1ᵐ,52, bai brun, née à Rostrenen (Côtes-du-Nord) en 1874. — Appartenant à M. Guézénec (L.), à Brest (Finistère).

617. — Bichette, jument; — taille : 1ᵐ,54, baie, née en 1874. — Appartenant à M. le comte de Briey (A.), au château de la Roche, par Gençay (Vienne).

618. — Brillante, jument; — son père, Abrantès; sa mère, Gazelle; — taille : 1ᵐ,54, baie, née à Saint Léger (Orne) en 1874. — Appartenant à M. Lindet (D.), à Saint Léger sur-Sarthe (Orne).

619. — Brunette, jument; — taille : 1ᵐ,53, noire, née à Sainte-Marie-du-Mont (Oise) en 1866. — Appartenant à M. Ancelin (Th.), à la Chapelle-sous-Gerberoy (Oise).

620. — Candide, jument; — son père, Rabdan; sa mère, Coqueluche; — taille : 1ᵐ,53, gris truité, née à Saint-Jean-de-Ligourre (Haute-Vienne) en 1861. — Appartenant à M. Dumont Saint-Priest, à Limoges (Haute-Vienne).

621. — Ceylone, jument; — son père, Ceylon; sa mère, par Émir; — taille : 1ᵐ,54, bai châtain, née à Vielle-Adour (Hautes-Pyrénées) en 1874. Appartenant à M. Fourcade-Lary, à Vielie-Adour (Hautes-Pyrénées).

622. — Chevrette, jument; — son père, Kébir; sa mère, Pastille; — taille : 1ᵐ,51, alezane, née à Epensival (Marne) en 1872. — Appartenant à M. Varin d'Epensival, à Epensival, commune d'Epense (Marne).

623. — Clairette, jument; — son père, Jambes-d'Argent; sa mère, par Auriol; — taille : 1ᵐ,52, rouane, née à Saint-Gervais (Vendée) en 1874. — Appartenant à M. Guiet (C.), à la Roche-sur-Yon (Vendée).

624. — Conquête, jument; — son père, Moor; sa mère, Ketty; — taille : 1ᵐ,54, baie, née à Caillac (Cantal) en 1866. — Appartenant à M. Marty (F.), au château de Caillac, près Aurillac (Cantal).

625. — Cora, jument; — son père, Coran; sa mère, par Morok; — taille : 1ᵐ,53, blanche, née à Trébons (Hautes-Pyrénées) en 1865. — Appartenant à M. Duhar (D.), à Trébons (Hautes-Pyrénées).

626. — **Dauphine,** jument; — son père, Dauphin; sa mère, Dauphine; — taille : 1^m,52, baie, née à Bio (Lot) en 1874. — Appartenant à M. Tournié (J.-T.), à Bio (Lot).

627. — **Désirée,** jument; — son père, Karchane; sa mère par Émilio; — taille : 1^m,53, grise, née à Horgues (Hautes-Pyrénées) en 1861. — Appartenant à M. Duffau (L.), à Horgues (Hautes-Pyrénées).

628. — **Déxerie,** jument; — son père, Zodion; sa mère, par Fitz-Émilien; — taille : 1^m,54 gris de fer, née à Salles-Adour (Hautes-Pyrénées) en 1873. — Appartenant à M. Duffau (L.), à Horgues (Hautes-Pyrénées).

629. — **Diane,** jument; — taille : 1^m,50, bai brun, née en 1872. — Appartenant à à M. Timberghien (P.), à Manag, province de Hainaut (Belgique).

630. — **Frisk,** jument; — son père, Fireaway; sa mère, Mowthorpe; — taille : 1^m,50, brun foncé, née en Angleterre en 1874. — Appartenant à M. Moore (H.), à Burn-Butts (Angleterre).

631. — **Graziella,** jument; — son père, Trouville; sa mère, Aphérie; — taille : 1^m,54, baie, née à Montigny (Sarthe) en 1874. — Appartenant à M. Lallouet (T.), à Montigny (Sarthe).

632. — **Karchane,** jument; — son père, Karchan; sa mère, par Allington; — taille : 1^m,53, grise, née à Tarbes (Hautes-Pyrénées) en 1861. — Appartenant à M. Larroque (J.), à Tarbes (Hautes-Pyrénées).

633. — **La Vallière,** jument; — son père, Eros; sa mère, Blonde-Bretonne; — taille : 1^m,54, rouane, née à la Villette (Loire-Inférieure) en 1873. — Appartenant à M. Ciron (G.), à la Villette, commune de Frossay (Loire-Inférieure).

634. — **Légère,** jument; — son père, Kébir; sa mère, Audette; — taille : 1^m,53, baie, née à Epensival (Marne) en 1872. — Appartenant à M. Varin d'Epensival, à Epensival, commune d'Epense (Marne).

635. — **Lisa,** jument; — son père, Furioso; sa mère, Lisette; — taille : 1^m,53, grise, née à Aurillac (Cantal) en 1874. — Appartenant à M. Ramond (J.), à Aurillac (Cantal).

636. — **Louisa,** jument; — son père, Pillard; sa mère, par Antar; — taille : 1^m,54, gris pommelé, né à Caillac (Cantal) en 1869. — Appartenant à M. Marty (F.), au château de Caillac, près Aurillac (Cantal).

637. — **Miss-Confidence,** jument; — son père, Confidence; — taille : 1^m,53, baie, née en Angleterre en 1874. — Appartenant à la Stand Stud Company, à Whitefield (Angleterre).

638. — **Myrthe,** jument; — son père, Émir; sa mère, par Ethelwolff; — taille : 1^m,52, baie, née à Soues (Hautes-Pyrénées) en 1869. — Appartenant à M. Soulan Baccard (J.), à Soues (Hautes-Pyrénées).

639. — **Olga,** jument; — son père, Gouvieux; sa mère, par Bacchus; — taille : 1^m,54, alezane, née à Rostrenen (Côtes-du-Nord) en 1873. — Appartenant à M. Allain (L.), à Saint-Renan (Finistère).

640. — **Opulente,** jument; — son père, Souedj; sa mère, par Darfour; — taille : 1^m,52, née à Laloubère (Hautes-Pyrénées) en 1870. — Appartenant à M. Cénac-Lahon, à Laloubère (Hautes-Pyrénées).

641. — **Poule,** jument; — son père, Macouba; sa mère, Coquette; — taille : 1^m,54, alezane, née à Saint-Loup (Manche) en 1874. — Appartenant à M. Ruault (F.), à Saint-Loup (Manche).

642. — **Régina,** jument; — son père, Héliodore; sa mère, par Herculanum; — taille : 1^m,52, alezane, née à Saint-Agnant (Charente-Inférieure) en 1874. — Appartenant à M. Figien (É.), à Rochefort (Charente-Inférieure).

643. — **Séduisante,** jument; — son père, Esculape; sa mère, Odette; — taille : 1ᵐ,48, bai foncé, née à Troarn (Calvados) en 1874. — Appartenant à M. Castillon (C.), à Troarn (Calvados).

644. — **Sérieuse,** jument; — son père, Émir sa mère, par Shaklaoui; — taille : 1ᵐ,53, alezan brûlé, née à Vielle-Adour (Hautes-Pyrénées) en 1866. — Appartenant à M. Fourcade-Lary, à Vielle-Adour (Hautes-Pyrénées).

645. — **Soubrette,** jument; — son père, Libérator; sa mère, Seduisante; taille : 1ᵐ,54, bai marron, née à Cléville (Calvados) en 1874. — Appartenant à M. Castillon (C.), à Troarn (Calvados).

646. — **Violette,** jument; — son père, Zodion; sa mère, par Marly, — taille : 1ᵐ,52, baie, née à Montgaillard (Hautes-Pyrénées) en 1868. — Appartenant à M. Sarcia (J.-P.), à Montgaillard (Hautes-Pyrénées).

23ᵉ CATÉGORIE.

Étalons poneys, âgés de trois ans et au-dessus
(taille au-dessous de 1ᵐ,47).

647. — **Colibri,** étalon poney; — taille : 1ᵐ,41, pie, né en 1869. — Appartenant à M. Moreau-Chaslon, à Paris, rue de Chazelles, 45.

648. — **Duc,** étalon poney; — son père, Hyacinthe, sa mère, Myosotis; — taille : 1ᵐ,17, alezan, né au Jardin d'acclimatation en 1875. — Appartenant au Jardin d'acclimatation.

649. — **George II,** étalon poney; son père, Sir-George; sa mère, Lady-Mary; — taille : 1ᵐ,37, bai, né en Angleterre en 1874. — Appartenant à M. Wilson (C.-W.), à High-Park (Angleterre).

650. — **Hyacinthe,** étalon poney; — son père, Robinson; sa mère de race siamoise; —taille : 1ᵐ,17, alezan, né au Jardin d'acclimatation en 1865.—Appartenant au Jardin d'acclimatation.

651. — **Little-Benjamin,** étalon poney; — son père, Sélim; sa mère, Myfarrwy; — taille : 1ᵐ,17, rouan, né en Angleterre en 1869. — Appartenant à M. Norton (A.), à Edinburgh (Angleterre).

652. — **Lord-Derby,** étalon poney; — son père, Perfection; sa mère, par Old-Prick-willow; — taille : 1ᵐ,42, brun foncé, né en Angleterre en 1874. — Appartenant à M. Wilson (C.-W.), à High-Park (Angleterre).

653. — **Mercure,** étalon poney; — son père, Figaro; sa mère, Sultane; — taille : 1ᵐ09, noir zain, né au Jardin d'acclimatation en 1875. — Appartenant au Jardin d'acclimatation.

654. — **Monsourd,** étalon poney; — son père, Robinson; sa mère de race siamoise; —taille : 1ᵐ,18, alezan, né au Jardin d'acclimatation en 1866. — Appartenant au Jardin d'acclimatation.

655. — **Prince-Charming,** étalon poney; son père, Lord Derby II; sa mère, par Brown-Fireaway; — taille : 1ᵐ,42, brun foncé, né en Angleterre en 1875. — Appartenant à M. Marshall (R.), à Keyingham (Angleterre).

656. — **Q.-Sylver,** étalon poney; — son père, Quick-Silver; sa mère, par Lannilis; — taille : 1ᵐ,46, bai, né à Plounévez-Lochrist (Finistère) en 1875. Appartenant à M. Troadec (A.), à Plounévez-Lochrist (Finistère).

657. — **Royal,** étalon poney; taille : 1ᵐ,01, bai, né aux îles Shetland en 1868. — Appartenant au Jardin d'acclimatation.

658. — Télégraphe, étalon poney; — son pere, Télégraphe; sa mère, par Hermion; taille : 1ᵐ,45, alezan foncé, né à Saint-Renan (Finistère) en 1875. — Appartenant à M. Morvant (J.-M.), à Plounévez-Lochrist (Finistère).

659. — Thermidor, étalon poney; — son père, Lycurgue; sa mère, par Oberon; — taille : 1ᵐ,46, bai, né à Tonnay (Charente) en 1875. — Appartenant à M. Audouin (U.-L.), à Muron (Charente-Inférieure).

24ᵉ CATÉGORIE.

Juments poneys, âgées de 3 ans et au-dessus
(taille au-dessous de 1ᵐ,47).

660. — Bessie, jument poney; — son père, Danemark; — taille : 1ᵐ,41, baie, née en 1874. — Appartenant à la Stand Siud Company, à Whitefield (Angleterre).

661. — Bichette, jument poney; — son père, Ingres; sa mere, par John; — taille : 1ᵐ,46, bai lavé, née à Saint-Pol-de-Léon (Finistère) en 1875. — Appartenant à M. Berthevas (J.), à Saint-Pol-de-Léon (Finistère).

662. — Cadette, jument poney; — son père, Ingres; sa mère, par Aubriot; — taille : 1ᵐ,46, alezan doré, née à Saint-Pol-de-Léon (Finistère) en 1875. — Appartenant à M. Caroff (A.), à Saint-Pol-de-Léon (Finistère).

663. — Cocotte, jument poney; — son père, Robinson; sa mère, de race siamoise; — taille : 1ᵐ,18, alezan brûlé, née au Jardin d'acclimatation en 1868. — Appartenant au Jardin d'acclimatation.

664. — Coquette, jument poney; — son père, Bucéphale; sa mère, Cora; — taille : 1ᵐ,46, aubère, né à Veules (Seine-Inférieure) en 1874. — Appartenant à M. Duhamel (A.), à Veulettes (Seine-Inférieure).

665. — Fanchette, jument poney; taille : 1ᵐ,45, rouge foncé, née en Normandie en 1872. — Appartenant à M. Ancelin (T.), à la Chapelle-sous-Gerberoy (Oise).

666. — Favorite, jument poney; son père, Hyacinthe; sa mère, Espérance; — taille : 1ᵐ,12, baie, née au Jardin d'acclimatation en 1874. — Appartenant au Jardin d'acclimatation.

667. — Georgette, jument poney; — son père, Royal; sa mère, Blanchette; — taille : 1ᵐ,05, pie alezan, née au Jardin d'acclimatation en 1873. — Appartenant au Jardin d'acclimatation.

668. — Jeannette, jument poney; — son père, Bucéphale; sa mère, Fanchon; — taille : 1ᵐ,45, aubère, née à Harcanville (Seine-Inférieure) en 1873. — Appartenant à M. Duhamel (A.), à Veulettes (Seine-Inférieure).

669. — Lucie, jument poney; — son pere, Carwas; sa mère, par Hermion; — taille : 1ᵐ,46, baie, née à Plounévez (Finistère) en 1875. — Appartenant à M. Troadec (A.), à Plounévez-Lochrist (Finistère).

670. — Lucie, jument poney; — son père, Fireking; sa mère, petite-fille d'Hamdani-Blanc; — taille : 1ᵐ,45, alezan cerise, née à Cléder (Finistère) en 1874. — Appartenant à M. Rohon-Maudé, à Cléder (Finistère).

671. — Margot, jument poney; taille : 1ᵐ,15, baie, née dans les Landes en 1870. — Appartenant au Jardin d'acclimatation.

672. — Matchless, jument; — taille au-dessous de 1ᵐ,47, baie, née en Angleterre en 1871. — Appartenant à lady Edward Spencer Churchill, à Londres (Angleterre).

673. — Ninon, jument poney; taille : 1ᵐ,12, baie, née dans les Landes en 1873. — Appartenant au Jardin d'acclimatation.

674. — **Phédor**, jument poney; taille : 1ᵐ,20, baie, née dans les Basses-Pyrénées en 1872. — Appartenant au JARDIN D'ACCLIMATATION.

675. — **Sahara**, jument poney; — son père, Fling-Cloud; sa mère, par Cheerly; — taille : 1ᵐ,46, noire, née à Plouescat (Finistère) en 1874. — Appartenant à M. PELLEV, à Brest (Finistère).

676. — **Sultane**, jument poney; — taille : 1ᵐ,01, noir zain, née en Espagne en 1869. Appartenant au JARDIN D'ACCLIMATATION.

25ᵉ CATÉGORIE.

Étalons de trait, âgés de 3 ans (taille de 1ᵐ,63 et au-dessus).

677. — **Bienfaisant**, étalon de trait; — son père, Rolland; sa mère, Pauline, — taille : 1ᵐ,66, gris-pommelé clair, né à Brunelles (Eure-et-Loir) en 1875. — Appartenant à M. DUCŒURJOLY (D.), à Brunelles (Eure-et-Loir).

678. — **Bon-Cœur**, étalon de trait; — son père, Vaillant; sa mère, Supérieure; — taille : 1ᵐ,64, bai, né à Pervenchères (Orne) en 1875. — Appartenant à M. FAUDOUEL, à Verrières (Orne).

679. — **Brillant**, étalon de trait; — son père, Bijou; — taille : 1ᵐ,71, gris, né en France en 1875. — Appartenant à M. MAGNIEZ (L.), à Fins (Somme).

680. — **Brillant**, étalon de trait boulonnais; — taille : 1ᵐ,65, gris, né en France en 1875. — Appartenant à M. MANIER (C.), à Mayocq-lès-Crotoy (Somme).

681. — **Canari**, étalon de trait; — taille : 1ᵐ,67, noir, né dans le département des Deux-Sèvres en 1875. — Appartenant à MM. MIGEON et BRETHOMEAU, à Bazoges-en-Pareds (Vendée).

682. — **César**, étalon de trait; — taille : 1ᵐ,66; gris-pommelé très-foncé, né en France en 1875. — Appartenant à M. DECLERCQ (A.), à Drincham (Nord).

683. — **César**, étalon de trait; — son père, Robuste; sa mère, Cocote; — taille : 1ᵐ,66, pommelé, né à Attaques (Pas-de-Calais) en 1875. — Appartenant à M. DURAND (H.), à Plouy-Vismes (Somme).

684. — **Chéri**, étalon de trait; — son père, Picador; — taille : 1ᵐ,68, gris vineux, né au Merlerault (Orne) en 1875. — Appartenant à M. DUPONT (J.), au Merlerault (Orne).

685. — **Coco**, étalon de trait; — taille : 1ᵐ,66, rouan, né en 1875. — Appartenant à M. PEIE (E.), à Mignault, province de Hainaut (Belgique).

686. — **Duc**, étalon de trait; taille : 1ᵐ,70, bai marron, né en 1875. — Appartenant à M. CRUYPLANT (P.-J.), à Opdorp, province de la Flandre-Orientale (Belgique).

687. — **Fidèle-au-Malheur**, étalon de trait; — son père, Vigoureux; sa mère, Junon; — taille : 1ᵐ,63, gris, né à Boursin (Pas-de-Calais) en 1875. — Appartenant à M. CALAIS DE LAMARLIÈRE, à Fréthun (Pas-de-Calais).

688. — **Fleury**, étalon de trait; — son père, Charmant; — taille : 1ᵐ,63, aubère, né à Craon (Mayenne) en 1875. — Appartenant à M. DE BODARD (C.), à Cossé-le-Vivien (Mayenne).

689. — **Forton**, étalon de trait; — taille : 1ᵐ,63, bai brun, né en 1875. — Appartenant à M. CAMPE (C.), à Gotthem, province de la Flandre-Orientale (Belgique).

690. — **Forton**, étalon de trait; — taille : 1ᵐ,69, bai cerise, né en 1875. — Appartenant à M. VANDER SCHUEREN (E.), à Onkerzele, province de la Flandre-Orientale (Belgique).

691. — Horisabat, étalon de trait; — son père, Picador; — taille . 1^m,68; gris-pommelé, né à Planches (Orne) en 1875. — Appartenant à M. Duroni (J.), au Merlerault (Orne).

692. — Joli, étalon de trait; — taille : 1^m,67, gris, né en 1875. — Appartenant a M. Hennecart (J.), à Quévy-le-Grand, province de Hainaut (Belgique).

693. — Lambert, étalon de trait; — taille · 1^m,64, rouan, né en 1875. — Appartenant à M. Deruvier (J.), à Gondregnies, province de Hainaut (Belgique).

694. — Lamoureux, étalon de trait;—son père, Romulus; sa mère, Bijou;   taille : 1^m,68, gris argent, né à Sainte-Scolasse (Orne) en 1875. — Appartenant à M. Cagei (C.), à Sainte-Scolasse (Orne).

695. — Leduc, étalon de trait; — son père, Monarque; sa mère, Coquette; — taille : 1^m,68; noir, né à Essai (Orne) en 1875. — Appartenant à M. Mureau (A.), à Essai (Orne).

696. — Mystérieux, étalon de trait boulonnais; — taille 1^m,66, gris-pommelé, né dans le Pas-de-Calais en 1875. — Appartenant à M. Lesenne (A.), à Saint-Nicolas-lès-Buigny-Saint-Maclou (Somme).

697. — Parisien, étalon de trait; — taille 1^m,70, bai châtain, né en France en 1875. — Appartenant à M. le comte de Hercé (G.), à la Haie-Traversenne, canton ouest de Mayenne (Mayenne).

698. — Paul, étalon de trait; — son père, Robuste; sa mère, Bellone; — taille: 1^m,67, bai brun, né à Pluzunet (Côtes-du-Nord) en 1875. — Appartenant à M. Le Coat (F.), à Plouaret (Côtes-du-Nord).

699. — Philibert, étalon de trait; — son père, Brûlant; — taille: 1^m,63, gris foncé, né à Céton (Orne) en 1875. — Appartenant à M. Perriot (E.), à la Chenellière, commune de Nogent-le-Rotrou (Eure-et-Loir).

700. — Potentat, étalon de trait; — son père, Cyrus; sa mère, Alezane; — taille: 1^m,69, gris-pommelé, né à Maninghem (Pas-de-Calais) en 1875. — Appartenant à M. Martin (V.), à Bourg-Dun (Seine-Inférieure).

701. — Réjoui, étalon de trait;   son père César;   taille: 1^m,66, gris clair, né à Wimille (Pas-de-Calais) en 1875.   Appartenant à M. Durand (A.), à Plouy-Vismes (Somme).

702. — Romulus, étalon de trait, percheron; — taille: 1^m,63, gris ardoisé, né à Reveillon (Orne) en 1875. — Appartenant à M. Aubry (J.-M.), à Courtomer (Orne).

703. — Royal-Duke III, étalon de trait; — son père, Royal-Duke II; sa mère, Ruby;   taille: au-dessus de 1^m,63, alezan, né en Angleterre en 1875. — Appartenant à M. Wolton (S.), à Butley Abbey (Angleterre).

704. — Sansonnet, étalon de trait; — taille: 1^m,67, rouan, né en France en 1875. — — Appartenant à M. Jousset (E.), à la Ferrière-au-Doyen (Orne).

705. — Superbe, étalon de trait; — son père Mars; sa mère, Joliette; — taille: 1^m,64, noir, né à Saint-Pierre (Nièvre) en 1875. — Appartenant à M. Clostre (G.), à Saint Pierre-le-Moutier (Nièvre).

706. — Thairé, étalon de trait; — taille: 1^m,70, bai cerise, né à Gué-de-Velluire (Vendée), en 1875. — Appartenant au Comice Agricole de Fontenay-le-Comte (Vendée).

707. — The Baronet, étalon de trait, de race Clydesdale; — son père, The Duke; sa mère, Venture; — taille: 1^m,70, bai brun, né en Angleterre en 1875. — Appartenant à MM. Stanford (É. et A.), à Ashurst (Angleterre).

708. — **Thumper,** étalon de trait ; —taille: 1ᵐ,64, né en 1875. — Appartenant à la STAND STUD COMPANY, à Whitefield (Angleterre).

709. — **Topsman,** étalon de trait ; — son père, Champion ; — taille: 1ᵐ,70, alezan, né en Angleterre en 1875. Appartenant à M. MARSTERS (C.), à Saddleboro (Angleterre).

710. — **Trotteur,** étalon de trait, boulonnais ; — taille: 1ᵐ,66, gris-pommelé, né en 1875. — Appartenant à M. NOURTIER (L.), à l'Étoile (Somme).

711. — **Victor,** étalon de trait ; — son père, Magloire ; sa mère, par Plédran ; —taille: 1ᵐ,68, gris, né à Saint-Gilles-les-Bois (Côtes-du-Nord) en 1875. — Appartenant à Mᵐᵉ veuve OLIVIER, née BÉNECH (M.), à Saint-Gilles les-Bois (Côtes du-Nord).

26ᵉ CATÉGORIE.

Juments de trait, âgées de trois ans (taille 1ᵐ,63 et au-dessus).

712. **Barbara,** jument de trait ;—taille: au-dessus de 1ᵐ,63, bai brun, née en 1875. Appartenant à M. DREW (L.), à Merryton (Angleterre).

713. — **Bonny,** jument de trait ; — son père, Honest-Tom ; — taille : 1ᵐ,64, baie, née en 1875. — Appartenant à la STAND STUD COMPANY, à Whitefield (Angleterre).

714. — **Brillante,** jument de trait ; — son père, Vaillant ; — taille. 1ᵐ,63, gris vineux, née à Fontaine-aux-Cordiers (Eure-et-Loir) en 1875. — Appartenant à M. DUCŒUR JOLY (D.), à Fontaine-aux-Cordiers, commune de Brunelles (Eure-et-Loire).

715. — **Chatton,** jument de trait ; — son père, Le Cœurjoly ; sa mère, Pauline ; — taille : 1ᵐ,64, gris-pommelé, née à la Tour, commune de Céton (Orne) en 1875. Appartenant à M. GOUPIL (E.), à Céton (Orne).

716. — **Espérance,** jument de trait ; — son père, Turbulent ; sa mère, Agricole ; taille 1ᵐ,63, gris fer, née à Paluel (Seine-Inférieure) en 1875. — Appartenant à M. LESUEUR (E.), à Paluel (Seine-Inférieure).

717. — **Fanny,** jument de trait ; — son père, Byron ; sa mère, Bijou ; taille : 1ᵐ,70, pommelé fonce, née à Armbouts-Cappel (Nord) en 1875. — Appartenant à M. SENAME (A.), à Armbouts-Cappel (Nord).

718. — **Fanny,** jument de trait ; — taille : 1ᵐ,64, bai clair, née en 1875. — Appartenant à M. CASTAIGNE (A.), à Enghien, province de Hainaut (Belgique).

719. — **Favori,** jument de trait ; son père, Vidocq ; sa mère, Chénie ; — taille : 1ᵐ63, noire, née au Petit-Radray (Eure-et-Loir), en 1875. Appartenant à M. LEGUAY (L.), au Petit-Radray, commune de Nogent-le-Rotrou (Eure-et-Loir).

720. — **Gonette,** jument de trait ; — taille : 1ᵐ,64, alezane, née en 1875. — Appartenant à M. BOULVIN (A.), à Familleureux, province de Hainaut (Belgique).

721. — **Lucy,** jument de trait ; taille: au-dessus de 1ᵐ,63, grise, née en 1875. — Appartenant à M. DREW (L.), à Merryton (Angleterre).

722. — **Margot,** jument de trait ; son père, Désiré ; — taille : 1ᵐ,64, gris-pommelé, née à la Chapelle-sous-Gerberoy (Oise) en 1875. — Appartenant à M. ANCELIN (T.), à la Chapelle-sous-Gerberoy (Oise).

723. — **Marie,** jument de trait ; — son père, Bai ; sa mère, Françoise ; — taille : 1ᵐ,64, grise, née à la Leuf en 1875. — Appartenant à M. VERGNEAULT (J.), à la Leuf, commune de Saint-Christophe-sur-Roc (Deux-Sèvres).

724. — **Matchet II,** jument de trait, — son père, Conqueror ; sa mère, Gyp ; — taille : 1ᵐ,65, alezane, née en Angleterre en 1875. — Appartenant à M. CAPON (R.), à Dennington (Angleterre).

25. — **Melita,** jument de trait; — son père, Prince Of Wales; sa mère, Old Mallie; — taille : au-dessus de 1^m,63, bai brun, née en Angleterre en 1875. — Appartenant à M. Waddell (J.), à Edinburgh (Angleterre).

26. — **Pauline,** jument de trait; — taille : 1^m,65, bai brun, née en 1875. — Appartenant à M. Lelubre (J.-B.), à Ogy, province de Hainaut (Belgique).

27. — **Vigilante,** jument de trait; — son père, Va-de-bon-Cœur; — taille : 1^m,63, gris rouan, née à Bugny-Saint-Maclou (Somme) en 1875. — Appartenant à M. Roger (A.), à Cambron (Somme).

27° CATÉGORIE.

Étalons de trait âgés de 4 ans et au-dessus
(taille 1^m,63 et au-dessus).

28. — **Agricol,** étalon de trait; — son père, Cyrus; sa mère, Dragonne; — taille: 1^m72, bai brun, né à Réty (Pas-de-Calais) en 1872. — Appartenant à M. Martin (V.), à Bourg-Dun (Seine-Inférieure).

29. — **Argentan,** étalon de trait; — taille : 1^m,63, gris pommelé, né en 1871. — Appartenant à la Compagnie générale des omnibus, à Paris.

30. — **Argentifère,** étalon de trait; — son père, David; sa mère, Castille; — taille : 1^m,71, gris fer, né à Fréthun (Pas-de-Calais) en 1873. — Appartenant à M. Calais de Lamarlière, à Fréthun (Pas-de-Calais).

31. — **Argentina,** étalon de trait; — son père, David; sa mère, Boulotte; — taille : 1^m,74, gris moucheté, né à Fréthun (Pas-de-Calais) en 1874. — Appartenant à M. Calais de Lamarlière, à Fréthun (Pas-de-Calais).

32. — **Baron,** étalon de trait; — taille : 1^m,64, gris pommelé, né en 1872. — Appartenant à M. Hannecart (J.), à Quévy-le-Grand, province de Hainaut (Belgique).

33. — **Bayard,** étalon de trait, percheron; — taille : 1^m65, pommelé, né dans l'arrondissement de Mortagne (Orne) en 1873. — Appartenant à M. Gallaire (A.), à Braux (Aube).

34. — **Bayard,** étalon de trait; — son père, Éclair; sa mère, Margot; — taille : 1^m64, gris, né à Wail (Pas-de-Calais) en 1874. — Appartenant à M. Dollé (B.), à Rollancourt (Pas-de-Calais).

35. — **Black,** étalon de trait; — taille : 1^m72, noir, né en France en 1874. — Appartenant à M. Lœuillet (E.), à Saint-Aubin (Pas-de-Calais).

36. — **Blondel,** étalon de trait; — taille : 1^m,64, alezan doré, né en 1874. — Appartenant à M. Vanderschueren (E.), à Onkerzele, province de la Flandre orientale (Belgique).

37. — **Bon-Espoir,** étalon de trait; — taille : 1^m,78, bai brun, né à la Crique (Seine-Inférieure) en 1872. — Appartenant à M. Gouellain (J.), à Buchy (Seine-Inférieure).

38. — **Brillant,** étalon de trait; — taille : 1^m,63, gris, né dans le Pas-de-Calais en 1864. — Appartenant à M. Modesse-Berquet, à Any-Martin-Rieux (Aisne).

39. — **Brillant,** étalon de trait; — taille : 1^m,63, gris, né en 1873. — Appartenant à M. Moreau-Chaslon, à Paris, rue de Chazelles, 45.

40. — **Brillant,** étalon de trait; — taille : 1^m,70, pommelé, né en France en 1873. — Appartenant à M. Beaurain, à Vron (Somme).

41. — **Brillant,** étalon de trait; — taille : 1^m,66, bai brun, né en 1872. — Appartenant à M. Corbusier (N.), à Yernée-Fraineux, province de Liége (Belgique).

742. — **Brillant,** étalon de trait ; — taille : 1^m,65, bai brun, né en 1872. — Ap[parte]
nant à M. Saint-Hubert (J.-B.), à Vogenée-les-Walcourt, province de N[amur]
(Belgique).

743. — **Brillant,** étalon de trait ; — taille : 1^m,66, alezan, né en 1871. — Appart[enant]
à M. Vanderschueren (R.), à Vollezeele, province de Brabant (Belgique).

744. — **Caen,** étalon de trait ; — taille : 1^m,63, gris, né en 1873. — Appartenan[t à la]
Compagnie générale des Omnibus, à Paris.

745. — **Caprice,** étalon de trait ; — taille : 1^m,69, gris fer, né en 1871. — Ap[parte]
nant à M. Lœuillet (E.), à Saint-Aubin (Pas-de-Calais).

746. — **Caprice,** étalon de trait ; — taille : 1^m,64, argenté, né en France en 187[.]
Appartenant à M. Dubois (L.), à Ponches-Estruval (Somme).

747. — **Carleton Tom,** étalon de trait ; — son père, Honest Tom ; sa mère, Da[.]
— taille : 1^m,68, bai foncé, né en Angleterre en 1874. — Appartenant à M. [.]
Firth Crowther, à Knowl Grove (Angleterre).

748. — **César,** étalon de trait ; — taille : 1^m,68, bai clair, né en 1868. — Appart[enant]
à M. Vanderschueren (E.), à Onkerzele, province de la Flandre orientale [(Bel-]
gique).

749. — **Charmant,** étalon de trait, percheron ; — taille : 1^m,66, gris, né à B[.]
(Eure) en 1868. — Appartenant à M. de Bodard (C.), à Cossé-le-V[.]
(Mayenne).

750. — **Chéri,** étalon de trait ; — son père, Bayard ; sa mère, Cocotte ; — taille : 1$^[m]$
gris argenté, né à la Ferté-Bernard (Sarthe) en 1873. — Appartenant à M. [.]
line (C.), à Verrières (Orne).

751. — **Ciron,** étalon de trait, boulonnais ; — taille : 1^m,68, argenté blanc, né à T[.]
Floriville (Somme) en 1872. — Appartenant à M. Manier (C.), à Mayoc[.]
Crotoy (Somme).

752. — **Compact Tom,** étalon de trait ; — son père, Honest Tom ; sa mère, Bo[.]
— taille : 1^m,67, bai foncé, né en Angleterre en 1873. — Appartenant à M. [.]
Firth Crowther, à Knowl Grove (Angleterre).

753. — **Concurent,** étalon de trait ; — taille : 1^m,69, noir, né à Ougny (Nièvr[e en]
1873. — Appartenant à M. Costre (G.), à Saint-Pierre-le-Moutier (Nièvre).

754. — **Courtalain,** étalon de trait, percheron ; — taille : 1^m,73, bai brun, [né à]
Courtalain (Eure-et-Loir) en 1873. — Appartenant à M. Boitelle (O.), au [.]
(Sarthe).

755. — **Crown Prince,** étalon de trait ; — son père, Cupbearer ; sa mère, pa[.]
liath ; — taille : 1^m,63, alezan, né en Angleterre en 1875. — Apparten[ant à]
M. Richard Garrett, à Carleton Hall (Angleterre).

756. — **David,** étalon de trait ; — taille : 1^m,68, gris, né dans le Pas-de-Calais en [.]
— Appartenant à M. Modesse-Berquet, à Any-Martin-Rieux (Aisne).

757. — **Donzy,** étalon de trait ; — taille : 1^m,72, noir, né en 1873. — Apparten[ant à]
M. Raffeau, à Saint-Pierre-du-Mont (Nièvre).

758. — **Empereur,** étalon de trait ; — taille : 1^m,65, rouan, né en 1873. — Ap[par-]
tenant à M. Campe (C.), à Gotthem, province de la Flandre orientale [(Bel-]
gique).

759. — **Favori,** étalon de trait ; — son père, Brillant ; sa mère, Fauchette ; — t[aille :]
1^m,65, gris pommelé, né à Céton (Orne) en 1874. — Appartenant à M. Belin (B[.]
à Clamerey (Côte-d'Or).

760. — **Favori**, étalon de trait; — son père, Coco; sa mère, Robine; — taille : 1ᵐ,64, gris foncé, né aux Étilleux (Eure-et-Loir) en 1873. — Appartenant à M. Perriot (E.), à Nogent-le-Rotrou (Eure-et-Loir).

761. — **Favori**, étalon de trait; — son père, Favori; — taille · 1ᵐ,66, gris-pommelé, né à la Genevraye (Orne) en 1874. — Appartenant à M. Dupont (J.), au Merlerault (Orne).

762. — **Favory**, étalon de trait; — taille : 1ᵐ,74, noir, né en 1873. — Appartenant a M. Tacheau (A.), à Saint-Martin-des-Monts (Sarthe).

763. — **Figaro**, étalon de trait; — taille : 1ᵐ,73, noir né à Chey (Deux-Sèvres) en 1873. — Appartenant à M. Sigot (F.), à Echiré (Deux-Sèvres).

764. — **François**, étalon de trait; — taille : 1ᵐ,74, noir, né à Précy (Nièvre) en 1870. Appartenant à M. Boutoy (E.), au château de Précy, commune de Guipy (Nièvre).

765. — **Général**, étalon de trait; — son père, The Captain; sa mère, Pleasant; — taille : 1ᵐ,72, rouan, né en Angleterre en 1873. — Appartenant à M. Davis (S.), à Woolashill (Angleterre).

766. — **Glorieux**, étalon de trait; — taille : 1ᵐ,66, pommelé, né en France en 1874. — Appartenant à M. Beaurain, à Vron (Somme).

767. — **Grensteen II**, étalon de trait; — son père, de race jutlandaise; sa mère, de race jutlandaise; — taille : 1ᵐ,65, bai foncé, né à Grensteen (Danemark), en 1869. — Appartenant à M. Anders Olsen, à Grensteen (Danemark).

768. — **Harleoholm**, étalon de trait; — son père, Büüs; sa mère, de race jutlandaise; — taille : 1ᵐ,69, bai clair, né à Aarslev, près Randers (Danemark), en 1873. — Appartenant à M. Hans Christen, à Fensteen, département de Randers (Danemark).

769. — **Heart of Oak**, étalon de trait; — son père, Welcher's Honest Tom; sa mère, Smilex; — taille · 1ᵐ,75, bai, né en Angleterre en 1871. — Appartenant à la Stand Stud Company, à Whitefield (Angleterre).

770. — **Hercule**, étalon de trait percheron; taille : 1ᵐ,65, noir, né en 1874. — Appartenant à MM. Homberg et de Guesdon frères, à Craon (Mayenne).

771. — **Hermann**, étalon de trait; — taille : 1ᵐ,64, né en 1872. — Appartenant à M. le comte G. de Hercé, à la Haie Traversenne (Mayenne).

772. — **Kippe**, étalon de trait; — taille : 1ᵐ,64, bai, né en 1871. — Appartenant à M. Gorrin (F.), à Bouvignies-lez-Dinant, province de Namur (Belgique).

773. — **Iolalis**, étalon de trait; — son père, Chéric; — taille : 1ᵐ,65, gris pommelé, né au Pin-la-Garenne (Orne) en 1870. — Appartenant à M. Varlet-Dupont, à Saint-Lyé (Aube).

774. — **Ivry**, étalon de trait; — taille 1ᵐ63, bai cerise, né en 1873. — Appartenant à la Compagnie générale des Omnibus, à Paris.

775. — **La Poule**, étalon de trait percheron; — taille : 1ᵐ,67, noir, né en 1873. — Appartenant à M. Gallos (E.), à Saulnières (Eure-et-Loir).

776. — **Léon**, étalon de trait; — taille : 1ᵐ,67, gris pommelé, né en 1873. — Appartenant à M. Vanderschueren (E.), à Onkerzele, province de la Flandre orientale (Belgique).

777. — **Le Nègre**, étalon de trait, boulonnais; — taille : 1ᵐ65, noir, né en 1870. — Appartenant à M. Taillefesse (A.), à Baillolet (Seine Inférieure).

778. — **Lion**, jument de trait; — taille : 1ᵐ,74, née à Coudekerque-Branche (Nord) en 1874. — Appartenant à M. Adolphe-Declercq, à Drincham (Nord).

779. — **L'Oncle**, étalon de trait, — taille : 1^m66, alezan brûlé, né en 1874. — Appartenant à M. Lepoivre (L.), à Sirault, province du Hainaut (Belgique)

780. — **Madère**, étalon de trait ; — son père, Vidoc ; sa mère, Corote, taille 1^m,66, gris noir, né à Saint-Hilaire sur-Erre (Orne) en 1874. — Appartenant à M. Fardouet, à Verrières (Orne).

781. **Major**, étalon de trait ; — taille 1^m,70, argenté bleu, né en France en 1872. — Appartenant à M. Dubois (L.), à Ponches-Estruval (Somme).

782. — **Marengo**, étalon de trait ; — son père, Désiré ; sa mère, Pichette, — taille : 1^m,66, bai brun, né à Sailly-Saillizel (Somme) en 1874. — Appartenant à M. Sauvé (M.), à Liéramont (Somme).

783. — **Montreuil**, étalon de trait, boulonnais, — taille : 1^m,66, noir, né en 1872. — Appartenant à M. Signoret, (H-F.), à Sermoise (Nièvre).

784. — **Morin**, étalon de trait ; percheron, taille : 1^m,69, noir zain, né en France en 1872. — Appartenant à M. Taton (G.), à Etion (Ardennes).

785. — **Mouton**, étalon de trait ; — taille 1^m,65, bai, né en 1874. — Appartenant à M. Detournay (F.), à Hennuyères, province de Hainaut (Belgique).

786. — **Négro**, étalon de trait, boulonnais, — taille 1^m,65, noir, né en France en 1865. — Appartenant à M. Thierot, à Reims, (Marne).

787. — **Nobel**, étalon de trait ; — son père, Balle, de race jutlandaise ; sa mère, de même race ; — taille 1^m,67, bai marron, né à Lem (Danemark) en 1871. — Appartenant à M. A. Schödt, à Lem, département de Randers (Danemark).

788. — **Patriote**, étalon de trait ; — taille : 1^m,65, bai rubican, né en 1873. — Appartenant à M. Tiberghien (P.), à Manage, province de Hainaut (Belgique).

789. — **Perfection**, étalon de trait ; — taille : 1^m,65, bai, né en 1873. — Appartenant à M. Van der Puiten (L.), à Onkerzele, province de la Flandre orientale. (Belgique).

790. — **Picador**, étalon de trait ; — son père, Picador ; — taille : 1^m,67, gris pommelé, né au Merlerault (Orne) en 1874. — Appartenant à M. Dupont (J.), au Merlerault (Orne).

791. — **Pluton**, étalon de trait ; — taille : 1^m,67, gris, né en 1874. — Appartenant à M. Vanderschueren (C.), à Appelterre, province de la Flandre orientale (Belgique).

792. — **Porthos**, étalon de trait ; — taille : 1^m,68, noir, né à Chartres en 1871. — Appartenant à M. Hamon (G.), à Craon (Mayenne).

793. — **Prince**, étalon de trait : — taille : 1^m,63, rouan, né en 1872. — Appartenant à M. Van Schoenbeck (J.), à Saint-Trond, province de Limbourg (Belgique).

794. — **Prudent**, étalon de trait ; — taille : 1^m,70, bai marron, né à la Croix (Orne) en 1871. — Appartenant à M. Rousseau (J.), à Ernée (Mayenne).

795. — **Réjoui**, étalon de trait ; — taille : 1^m,68, gris argenté, né à Hames-Boucres (Pas-de-Calais) en 1874. — Appartenant à M. Lecit-Le rst, à Audembert (Pas-de-Calais).

796. — **Remy**, étalon de trait ; — son père, Vermouth ; sa mère, Rosette ; — taille : 1^m,64, gris noir, né à Aunai (Orne) en 1873. — Appartenant à M. Mireau (A.), à Essai (Orne).

797. — **Rigolo**, étalon de trait percheron ; — taille : 1^m,65, gris pommelé, né en France en 1873. — Appartenant à M. Anceliv (T.), à la Chapelle-sous-Gerberoy (Oise).

798. — **Roland**, étalon de trait ; — son père, Fanfaron ; sa mère, Mimie ; — taille 1^m,63, gris rouan, né à Mairieux (Nord) en 1874. — Appartenant à M. Favresse (L.), à Mairieux (Nord).

799. — **Romulus,** étalon de trait; — son père, Romulus; sa mère, None; — taille: 1ᵐ,70, gris pommelé, né à Gaprée (Orne) en 1873. — Appartenant à M. Caget (C.), à Sainte-Scolasse (Orne).

800. — **Romulus,** étalon de trait; — son père, Bayard; sa mère, Bijou; — taille: 1ᵐ,69, gris fer, né à Essai (Orne) en 1874. — Appartenant à M. Miteau (A.), à Essai-aux-Genettes (Orne).

801. — **Royalty,** étalon de trait; son père, Magnum Bonum; sa mère, Duchess; — taille: au-dessus de 1ᵐ,63, alezan, né en Angleterre en 1871. — Appartenant à M. Wolton (H.), à Newbourn-Hall (Angleterre).

802. — **Rustique,** étalon de trait; — son père, Robuste; sa mère, Bellone; — taille: 1ᵐ,69, noir, né à Pluzunet (Côtes-du-Nord) en 1873. — Appartenant à M. Lecoat (F.), à Plouaret (Côtes-du-Nord).

803. — **Rustique,** étalon de trait boulonnais; — taille: 1ᵐ,64, pommelé noir, né en France en 1874. — Appartenant à M. Pruvot (A.), à Translay (Somme).

804. — **Sauvage,** étalon de trait; — taille: 1ᵐ,70, noir, né à Saint-Pierre-du-Mont (Nièvre) en 1871. — Appartenant à M. Raffeau (H.), à Saint-Pierre-du-Mont (Nièvre).

805. — **Sir John Falstaff,** étalon de trait; — son père, Wiseman's Wonder; sa mère, par England's Glory; — taille: 1ᵐ,70, gris de fer foncé, né en 1873. — Appartenant au capitaine Betts (W. H.), à Freuze-Hall (Angleterre).

806. — **Soldat,** étalon de trait; — taille: 1ᵐ,63, gris pommelé, né en 1871. — Appartenant à la Compagnie générale des Omnibus, à Paris.

807. — **Sultan,** étalon de trait percheron; taille: 1ᵐ,65, gris argenté, né en 1873. Appartenant à M. Fougeron (L.), à Breilly (Somme).

808. — **The Evergreen,** étalon de trait; — son père, Statesman; sa mère, Ruby; — taille: 1ᵐ,63, alezan, né en Angleterre, en 1874. — Appartenant à M. Tollen (J), à Blaxhall (Angleterre).

809. — **The lord Harry,** étalon de trait; — son père, Prince of Wales; sa mère, Mary; — taille: au-dessus de 1ᵐ,63, noir, né en Angleterre en 1874. — Appartenant à M. Drew (L.), à Merryton (Angleterre).

810. — **Tournebu,** étalon de trait; — taille: 1ᵐ,76, gris fer, né à Nogent-le-Rotrou (Eure-et-Loir) en 1873. — Appartenant à M. de Foucault (A.), à Tournebu (Calvados).

811. — **Turco,** étalon de trait normand; — taille: 1ᵐ,65, bai brun, né en Normandie en 1871. — Appartenant à M. Charlier, à Possesse (Marne).

812. — **Vampire,** étalon de trait; — son père, Brillant; sa mère, Poulette; — taille 1ᵐ,65, noir, né à Sermoise (Nièvre) en 1874. — Appartenant à M. Signoret (H.-F.), à Sermoise (Nièvre).

813. — **Vermouth,** étalon de trait; — son père, Vidoc; — taille: 1ᵐ,64, gris pommelé, né à la Chapelle-Souef (Orne) en 1874. — Appartenant à M. Fardouet, Verrières (Orne).

814. — **Vigilant,** étalon de trait boulonnais; — taille: 1ᵐ,63, gris argenté, né en 1874. — Appartenant à M. Taillefesse (A.), à Baillolet (Seine-Inférieure).

815. — **Vigilant,** étalon de trait; — taille: 1ᵐ,63, pommelé blanc, né en France en 1873. — Appartenant à M. Dubois (L.), à Ponches-Estruval (Somme).

816. — **Villars,** étalon de trait boulonnais; — taille: 1ᵐ,64, né en France en 1870. — Appartenant à M. Rafflau (H.), à Saint-Pierre-du-Mont (Nièvre).

817. — **Voltaire,** étalon de trait; taille: 1ᵐ,63, gris ardoise, né à Mortagne (Orne) en 1873. — Appartenant à M. Jousset (E.), à la Ferrière-au-Doyen (Orne).

818. — **Waterloo**, étalon de trait; — son père, Jean-Bart; — taille : 1ᵐ,63, gris pommelé, né à Pervenchères (Orne) en 1871. — Appartenant à M. Aubry (J.-M.), à Courtonner (Orne).

28ᵉ CATÉGORIE.

Juments de trait, âgées de 4 ans et au-dessus

(taille de 1ᵐ,63 et au-dessus).

819. — **Bataille**, jument de trait; — taille : 1ᵐ,63, gris clair, née en 1872. — Appartenant à la Compagnie générale des Omnibus, à Paris.

820. — **Bayadère**, jument de trait, taille : 1ᵐ,64, gris foncé, née au Merlerault en 1874. Appartenant à la Compagnie des Tramways Sud, à Paris.

821. — **Biche**, jument de trait percheronne; — taille : 1ᵐ,65, gris pommelé, née à Nogent-le-Rotrou (Eure-et-Loir) en 1871. — Appartenant à M. Dupont (J.), au Merlerault (Orne).

822. — **Biche**, jument de trait, percheronne; — taille : 1ᵐ,65, bai brun, née en France en 1867. — Appartenant à M. Boitelle (O.), au Mans (Sarthe).

823. — **Bijou**, jument de trait; — sa mère, Bijou; — taille : 1ᵐ,66, gris pommelé et moucheté, née à Loon (Nord) en 1868. — Appartenant à M. Declercq (A.), à Drincham (Nord).

824. — **Belotte**, jument de trait; — taille : 1ᵐ,73, gris de fer, née à Marant (Pas-de-Calais) en 1871. — Appartenant à M. Delattre (C.-F.), à Marant (Pas-de-Calais).

825. — **Bon-Espoir**, jument de trait; — taille : 1ᵐ,63, gris truité, née à Maillezais (Vendée) en 1872. — Appartenant au Comice de Fontenay-le-Comte (Vendée).

826. — **Cadet**, jument de trait; — sa mère, Cadet; — taille : 1ᵐ,68, pommelé blanc, née à Eringhem, (Nord) en 1870. — Appartenant à M. Poublanc (P.), demeurant à Litgam, par Bergues (Nord).

827. — **Charlotte**, jument de trait; — taille : 1ᵐ,64, rouane, née en 1872. — Appartenant à M. Pourbais (A.), à Seneffe, province de Hainaut (Belgique).

828. — **Countess**, jument de trait; — son père, Lofty; — taille : au-dessus de 1ᵐ,63, bai brun, née en Angleterre en 1873. — Appartenant à M. Drew (L.), à Merryton (Angleterre).

829. — **Cousine**, jument de trait; — taille : 1ᵐ,63, gris clair, née en 1873. — Appartenant à la Compagnie générale des Omnibus, à Paris.

830. — **Crouston**, jument de trait; percheronne; — taille : 1ᵐ,66, noire, née à Sargé (Eure-et-Loir) en 1873. — Appartenant à M. Pichot (R.), à Sargé (Loir-et-Cher).

831. — **Czigany**, jument de trait; — son père, de race Norfolk; sa mère, de race hongroise; — taille : 1ᵐ,64, noire, née à Nyistra en 1873. — Appartenant à la Société d'élevage de chevaux, à Buda-Pesth (Hongrie).

832. — **Darling**, jument de trait; — taille : 1ᵐ,66, baie, née en 1873. — Appartenant à la Stand Stud company, à Whitefield (Angleterre).

833. — **Déesse**, jument de trait; — taille : 1ᵐ,63, baie, née en 1873. — Appartenant à la Compagnie générale des Omnibus, à Paris.

834. — **Élise**, jument de trait; — taille : 1ᵐ,70, née à Coudekerque-Branche (Nord) en 1873. — Appartenant à M. Debavelaere (V.), à Coudekerque-Branche (Nord).

835. — **Empress of Newbourne,** jument de trait; — son père, Royal-Duke II; sa mère, Newbourn-Pride; — taille au-dessus de 1ᵐ,63, alezane, née en Angleterre en 1874. — Appartenant à M. Wolton (H.), à Newbourn Hall (Angleterre).

836. — **Espérance,** jument de trait; — taille : 1ᵐ,64, noir mal teint, née au Merlerault en 1872. — Appartenant à la Compagnie des Tramways-Sud, à Paris.

837. — **Fanchon,** jument de trait percheronne; — taille : 1ᵐ,65, gris pommelé, née en Normandie en 1871. — Appartenant à la Compagnie des Tramways-Sud, à Paris.

838. — **Frigga,** jument de trait; — son père, Gjorlor, de race jutlandaise; sa mère, de même race; — taille : 1ᵐ,64, bai foncé, née en Danemark en 1869. — Appartenant à M. Mogevsèn, à Bjollerùp, département de Randers (Danemark).

839. — **Jeanne,** jument de trait; — taille : 1ᵐ,63, gris clair, née en 1871. — Appartenant à la Compagnie générale des Omnibus, à Paris.

840. — **Jeannette,** jument de trait; — taille : 1ᵐ,64, gris pommelé, née à la Chapelle-sous-Gerberoy (Oise) en 1873. — Appartenant à M. Ancelin (T.), à la Chapelle-sous-Gerberoy (Oise).

841. — **Jeannette,** jument de trait; — son père, Turbigo; sa mère, Bijou; — taille : 1ᵐ,66, gris pommelé, née à Eps (Pas-de-Calais) en 1873. — Appartenant à M. Pénel (G.), à Eps (Pas-de-Calais).

842. — **Jeannette,** jument de trait percheronne; — taille : 1ᵐ,63, gris pommelé, née en Normandie en 1870. — Appartenant à la Compagnie des Tramways-Sud, à Paris.

843. — **Julie,** jument de trait; — taille : 1ᵐ,63, bai cerise, née en 1871. — Appartenant à M. Jasme (A.), à Petit-Reulx-les-Nivelles, province de Hainaut (Belgique).

844. — **La Poule,** jument de trait; — taille : 1ᵐ,65, gris pommelé, née à Saint-Aubin-la-Plaine (Vendée), en 1874. — Appartenant au Comice agricole de Fontenay-le Comte (Vendée).

845. — **Lisa,** jument de trait boulonnaise; — sa mère, Joséphine, de race percheronne; — taille : 1ᵐ,65, rouane, née à Montgiroux (Mayenne) en 1874. — Appartenant à M. Fraudin (L.), à Commer (Mayenne).

846. — **Lise,** jument de trait; — son père, Grensteen II, de race jutlandaise; sa mère, de même race; — taille : 1ᵐ,64, bai foncé, née à Helotrup (Danemark) en 1873. — Appartenant à M. Miels-Offersen, à Helotrup, département de Viborg (Danemark).

847. — **Lotte,** jument de trait; — son père, Balle, de race jutlandaise; sa mère, de même race; — taille : 1ᵐ,67, bai brun, née à Lem (Danemark) en 1873. — Appartenant à M. Cristen-Westrup, à Lem, département de Randers (Danemark).

848. — **Louise,** jument de trait; — taille : 1ᵐ,66, blanche, née en 1872. — Appartenant à M. Boulvin (A.), à Familleureux, province de Hainaut (Belgique).

849. — **Mamzelle,** jument de trait; — taille : 1ᵐ,63, rouane, née en 1874. — Appartenant à M. Boulvin (A.), à Familleureux, province de Hainaut (Belgique).

850. — **Margot,** jument de trait; — son père, Ildérim; — taille : 1ᵐ,72, alezane, née à Choué (Loir-et-Cher) en 1867. — Appartenant à M. Chauvin-Péay, à Choué (Loir-et-Cher).

851. — **Marianne,** jument de trait; — taille : 1ᵐ,65, rouane, née en 1873. — Appartenant à M. Pourbais (A.), à Seneff, province de Hainaut (Belgique).

852. — **Marie**, jument de trait; — taille : 1^m,66, rouane, née en 1873. — Appar
nant à M. Pourbais (A.), à Seneffe, province de Hainaut (Belgique).

853. — **Marie**, jument de trait; — taille : 1^m,70, noire, née en 1870. — Appartena
à M. Geersens (I.), à Clemskerke, province de la Flandre-Occidentale (B
gique).

854. — **Million**, jument de trait; — son père, Jean-Bart; sa mère, Calypso; -
taille 1^m,70, pommelé argenté, née à Armbouts-Cappel (Nord) en 1874. -
Appartenant à M. Sename (A.), à Armbouts-Cappel (Nord).

855. — **Mouton**, jument de trait percheronne; — taille : 1^m,69, gris clair pommel
née à Saint-Agil (Loir-et-Cher) en 1873. — Appartenant à M. Granger (P.),
Saint-Agil (Loir-et-Cher).

856. — **Pauline**, jument de trait; son père, Miramar; — taille : 1^m,65, gris por
melé blanc, née à Montigny (Sarthe) en 1868. — Appartenant à M. Ducœu
joly (D.), à Brunelles (Eure-et-Loir).

857. — **Pauline**, jument de trait; — son père, Courtois; sa mère, Rosalie; -
taille : 1^m,63, gris pommelé, née à Céton (Orne) en 1871. — Appartenant
M. Goupil (E.), à Céton (Orne).

858. — **Percheronne**, jument de trait percheronne; — taille : 1^m,65, gris argent
née en France en 1865. — Appartenant à M. Thierot, à Reims (Marne).

859. — **Queen**, jument de trait, son père, Lincolnshire Lad; — taille : au-dess
de 1^m,63, rouane, née en Angleterre en 1872. — Appartenant à M. Drew (L.
à Meryton (Angleterre).

860. — **Regina**, jument de trait; — taille : au-dessus de 1^m,63, bai brun, née en 187
— Appartenant à M. Drew (L.), à Meryton (Angleterre).

861. — **Rosalie**, jument de trait — son père, Coco; sa mère, Sophie; — taille
1^m,63, noire, née à Saint-Agil (Loir-et-Cher) en 1874. — Appartenant
M. Besvard (R.), à Saint-Agil (Loir-et-Cher).

862. — **Rosalie**, jument de trait percheronne; — taille : 1^m,63, noire, née
Sargé (Loir-et-Cher) en 1874. — Appartenant à M. Pichot (R.), à Sargé (Loi
et-Cher.)

863. — **Sans-Vanité**, jument de trait; — son père, Liban; sa mère, Grisette; -
taille 1^m,65, grise, née à Saint-Etienne-de-Montluc (Loire-Inférieure) en 187
— Appartenant à M. Pillet (J.), à Saint-Etienne-de-Montluc (Loire-Inférieure

864. — **Tédora**, jument de trait; — taille : 1^m,65, baie, née en 1872. — Appart
nant à M. Tiberghien (P.), à Manage, province de Hainaut (Belgique).

865. — **Valérie**, jument de trait; — taille : 1^m,63, gris pommelé, née en 1872.
Appartenant à la Compagnie générale des Omnibus à Paris.

866. — **Vélocité**, jument de trait; — taille : 1^m,63, gris clair, née en 1870. — A
partenant à la Compagnie générale des Omnibus, à Paris.

867. — **Verveine**, jument de trait; — taille : 1^m,63, gris pommelé, née en 1872. -
Appartenant à la Compagnie générale des Omnibus, à Paris.

868. — **Waggie**, jument de trait; — son père, Galloway Bob; sa mère, Doughty; -
taille au-dessus de 1^m,63, bai brun, née en Angleterre en 1874. — Apparte
nant à M. Waddell (J.), à Edinburgh (Angleterre).

29ᵉ CATÉGORIE.

Étalons de trait, âgés de 3 ans (taille inférieure à 1ᵐ,63).

869. — **Absalon**, étalon de trait; — taille : 1ᵐ,60, bai marron, né en 1875. — Appartenant à M. Vanderschueren (C.), à Appelterre, province de la Flandre orientale (Belgique).

870. — **Annibal**, étalon de trait; — taille : 1ᵐ,62, gris pommelé, né en 1875. — Appartenant à M. Campe (C.), à Gotthem, province de la Flandre orientale (Belgique).

871. — **Bayard**, étalon de trait; — son père, Bayard; — taille : 1ᵐ,61, gris bleu, né à Ceton (Orne) en 1875. — Appartenant à M. Fardouet (A.), à Margon (Eure-et-Loir).

872. — **Bayard**, étalon de trait; — taille : 1ᵐ,53, bai brun, né en 1875. — Appartenant à M. Lambory (P.-F.), à Noville-lez-Bâstogne, province de Luxembourg (Belgique).

873. — **Brisc-Tout**, étalon de trait, boulonnais; — taille : 1ᵐ,62, noir, né en 1875. — Appartenant à M. Galmant (T.), à Montigny-les-Jongleurs (Somme).

874. — **Carabic**, étalon de trait; — son père, Liban; sa mère, Margot; — taille : 1ᵐ,57, gris noir, né à Quemper Guézennec (Côtes-du-Nord) en 1875. — Appartenant à M. Perrot (Y.-M.), à Quemper-Guézennec (Côtes-du-Nord).

875. — **Coco**, étalon de trait; — son père, Flying-Cloud; sa mère, par Dauphin; — taille : 1ᵐ,52, bai châtain, né à Plouescat (Finistère) en 1875. — Appartenant à M. Cadiou (P.), à Cléder (Finistère).

876. — **Conservative**, étalon de trait; — son père, Conservative; sa mère, par Talbot; — taille : 1ᵐ,60, alezan, né en Angleterre en 1875. — Appartenant à M. Garrett (R.), à Carleton Hall (Angleterre).

877. — **Coquet**, étalon de trait; — son père, Bijou; — taille : 1ᵐ,61, gris, né à Tilloy en 1875. — Appartenant à M. Magniez (L.), à Fins (Somme).

878. — **Farot**, étalon de trait boulonnais; — taille : 1ᵐ,60, gris argenté, né en 1875. — Appartenant à M. Nortier (L.), à l'Étoile (Somme).

879. — **Joli**, étalon de trait; — taille : 1ᵐ,61, bai brun, né en France en 1875. — Appartenant à M. Max-Debras, à Voinsle (Seine-et-Marne).

880. — **Léopold**, étalon de trait; — taille : 1ᵐ,59, rouan, né en 1875. — Appartenant à M. Van Schoenbeek (L.), à Saint-Trond, province de Limbourg (Belgique).

881. — **Marquis**, étalon de trait; — taille : 1ᵐ,58, noir, né en 1875. — Appartenant à M. Vanderschueren (E.), à Onkerzele, province de la Flandre orientale (Belgique).

882. — **Mouton**, étalon de trait; — taille : 1ᵐ,48, bai clair, né en 1875. — Appartenant à M. Mathieu (N.), à Noville-les-Bâstogne, province de Luxembourg (Belgique).

883. — **Mouton**, étalon de trait; — taille : 1ᵐ,53, noir mal teint, né en 1875. — Appartenant à M. Goffinet (J.), à l'Église, province de Luxembourg (Belgique).

884. — **Mouton**, étalon de trait; — taille : 1ᵐ,56, bai brun, né en 1875. — Appartenant à M. Gaspard (F.-X.), à Longchamps-lès-Bâstogne, province de Luxembourg (Belgique).

885. — **Porthos**, étalon de trait; — taille : 1ᵐ,60, gris rouan, né en 1875. — Appartenant à M. Hauchamp, à Mairieux (Nord).

886. — **Robin-Hood**, étalon de trait; — son père, Catchpole's Prince; sa mère, une jument de Suffolk; — taille : au-dessous de 1ᵐ,63, alezan, né en Angleterre en 1875. — Appartenant à M. Toller (W.), à Gedgrave (Angleterre).

30ᵉ CATÉGORIE.

Juments de trait, âgées de 3 ans (taille inférieure à 1ᵐ,63).

887. — **Bellotte,** jument de trait; — son père, le Cœur-joly; sa mère, Madelon; — taille : 1ᵐ,56, noire, née à Céton (Orne) en 1875. — Appartenant à M. Coupil (E.), à Céton (Orne).

888. — **Bijou,** jument de trait percheronne; — taille : 1ᵐ,59, gris foncé, née à la Ferté-Bernard (Sarthe) en 1875. — Appartenant à M. Besnard (J.), à Choué (Loir-et-Cher).

889. — **Cotiche,** jument de trait; — son père, Yvory Blak; sa mère, Castille; taille : 1ᵐ,52, bai brun zain, née à Erbrée (Ille-et-Vilaine) en 1875. — Appartenant à M. Hévin (H.), à Erbrée (Ille-et-Vilaine).

890. — **Darling,** jument de trait race Suffolk, — son père, The Claimant; sa mère, Sprite; — taille : 1ᵐ,57, alezane, née en Angleterre en 1875. — Appartenant à M. Garrett (R.), à Carleton-Hall (Angleterre).

891. — **Eugénie,** jument de trait; — taille : 1ᵐ,54, grise, née en 1875. — Appartenant à M. Jasme (A.), à Petit-Rœulx-les-Nivelle, province de Hainaut (Belgique).

892. — **Fanny,** jument de trait; — taille : 1ᵐ,58, noire, née en 1875. — Appartenant à M. Taminiau (O.), à Herinnes, province de Brabant (Belgique).

893. — **Girofla,** jument de trait; — son père, Anciot; sa mère, Fanchon; — taille : 1ᵐ,52, rouane, née à Epensival (Marne) en 1875. — Appartenant à M. Varin, d'Épensival, à Épensival, commune d'Épense (Marne).

894. — **Justine,** jument de trait; — taille : 1ᵐ,55, gris fer foncé, née à Sermoise (Nièvre) en 1875. — Appartenant à M. Thomas (V.), à Sermoise (Nièvre).

895. — **Lovely,** jument de trait; — son père, Lincolnshire Lad; — taille : inférieure à 1ᵐ,63, grise, née en Angleterre en 1875. — Appartenant à M. Drew (L.), à Merryton (Angleterre).

896. — **Manoy,** jument de trait; — son père, Désiré; sa mère, Percheronne; — taille : 1ᵐ,57, gris pommelé, née à la Chapelle-sous-Gerberoy (Oise) en 1875. Appartenant à M. Ancelin (Th.), à la Chapelle-sous-Gerberoy (Oise).

897. — **Margot,** jument de trait, percheronne; — taille 1ᵐ,59, gris noir, née en France en 1875. — Appartenant à M. Boulay (A.), à Baillou (Loir-et-Cher).

898. — **Margot,** jument de trait; — son père, Anciot; sa mère, Charmante; — taille : 1ᵐ51, aubère, née à Épensival (Marne) en 1875. — Appartenant à M. Varin d'Épensival, à Épensival, commune d'Épense (Marne).

899. — **Marie,** jument de trait; — taille : 1ᵐ,52, bai cerise, née en 1875. — Appartenant à M. Mathieu (N.), à Noville-lès-Bâstogne, province de Luxembourg (Belgique).

900. — **Minette,** jument de trait; — son père, Thomas; sa mère, Mamselle; — taille : 1ᵐ,52, gris fer, née à Servel (Côtes-du-Nord) en 1875. — Appartenant à M. le Flanchec (P.-M.), à Servel (Côtes-du-Nord).

901. — **Prunelle,** jument de trait; — son père, Anciot; sa mère, Bayarde; — taille : 1ᵐ,52, gris fer, née à Épensival (Marne) en 1875. — Appartenant à M. Varin d'Épensival, à Épensival, commune d'Épense (Marne).

902. — **Rosette,** jument de trait; — son père, Papillon; sa mère, Mignonne; — taille : 1ᵐ,62, noire, née à Essai (Orne) en 1875. — Appartenant à M. Miteau (A.), à Essai (Orne).

903. — Scott, jument de trait; — son père, Geaters Horse; sa mère, Matchet; — taille : 1^m,57, alezane, née en Angleterre en 1875. — Appartenant à M. Garrett (R.), à Carleton Hall (Angleterre).

904. — Snap, jument de trait de race Suffolk; — son père, The Claimant; sa mère, Butley Matchet; — taille 1^m,57, alezane, née en Angleterre en 1875. — Appartenant à M. Garrett (R.), à Carleton Hall (Angleterre).

905. — Violette, jument de trait percheronne; — taille : 1^m,54, gris foncé, née à Choué (Loir-et-Cher) en 1875. — Appartenant à M. Augis (A.), à Baillou (Loir-et-Cher).

31ᵉ CATÉGORIE.

Étalons de trait, âgés de 4 ans et au-dessus

(taille inférieure à 1^m,63).

906. — Antique, étalon de trait; — taille; 1^m,60, bai, né en 1874. — Appartenant à M. Van der Puiten (L.), à Onkerzèle, province de la Flandreri oentale (Belgique).

907. — Balsamo, étalon de trait; — taille 1^m,62, rouan, né en 1872. — Appartenant à M. Tiberghien (P.), à Manage, province de Hainaut (Belgique).

908. — Bayard, étalon de trait; — taille : 1^m,55, bai brun, né en 1873. — Appartenant à M. Gaspard (F.-X.), à Longchamps, province de Luxembourg (Belgique).

909. — Bijou, étalon de trait; — taille : 1^m,60, gris pommelé, né en 1871. — Appartenant à la Compagnie générale des Omnibus, à Paris.

910. — Bijou, étalon de trait; — taille : 1^m,55, bai brun, né en 1873. — Appartenant à M. Lambory (P.-F.), à Noville-lès-Bastogne, province de Luxembourg (Belgique).

911. — Bosquet, étalon de trait percheron; — taille : 1^m,58, gris truité, né en 1861. — Appartenant au Gouvernement français (dépôt d'étalons de Lamballe).

912. — Boulot, étalon de trait; — taille : 1^m,58, gris vineux, né en 1868. — Appartenant au Gouvernement français (dépôt d'étalons de Lamballe).

913. — Brillantin, étalon de trait; — son père, Dauphin; — taille : 1^m,58, gris pommelé, né à Cléder (Finistère) en 1873. — Appartenant à MM. Cabic (F. et O), à Cléder (Finistère).

914. — Byron, étalon de trait; — taille : 1^m,54, bai cerise, né en 1870. — Appartenant à M. Gaspard (F.-X.), à Longchamps, province de Luxembourg (Belgique).

915. — Cambronne, étalon de trait; — son père, Tobosque; sa mère, Catherine; — taille : 1^m,60, gris fer, né à Templeux-le-Guérard (Somme) en 1874. — Appartenant à M. Sauvé (M.), à Liéramont (Somme).

916. — César, étalon de trait; — son père, Décidé; — taille : 1^m,60, gris pommelé, né à Igé (Orne) en 1873. — Appartenant à M. Fardouet (A.), à Margon (Eure-et-Loir).

917. — Charmant, étalon de trait percheron; — taille : 1^m,61, gris bleu, né en 1872. — Appartenant à M. Boitelle (O.), au Mans (Sarthe).

918. — Coco, étalon de trait; — bai cerise, né en 1874. — Appartenant à M. Mathieu (L.), à Heinsch, province de Luxembourg (Belgique).

919. — Couset, étalon de trait; — taille : 1ᵐ,54, bai marron, né en 1872. — Appartenant à M. Lambory (P.-F.), à Noville-lez-Bâstogne, province de Luxembourg (Belgique).

920. — Dartagnan, étalon de trait boulonnais ; — taille : 1ᵐ,56, gris, né en 1869. — Appartenant à M. Fougerov (L.), à Breilly (Somme).

921. — Décidé, étalon de trait; — son père, Brillant ; sa mère, Rustique ; — taille : 1ᵐ,62, gris foncé, né aux Étilleux (Eure-et-Loir) en 1874. — Appartenant à M. Perriot (E.), à Nogent-le-Rotrou (Eure-et-Loir).

922. — Espoir, étalon de trait ; — taille : 1ᵐ,59, gris pommelé, né en 1874. — Appartenant à M. Delcroix (J.), à Braine-le-Comte, province de Hainaut (Belgique).

923. — Facteur, étalon de trait ; — taille · 1ᵐ,62, bai, né à Beaubec-la-Rosière (Seine-Inférieure) en 1874. — Appartenant à M. Numa-Ménage, à Beaubec-la-Rosière (Seine-Inférieure).

924. — Fino, étalon de trait percheron ; — taille : 1ᵐ,58, gris, né en France en 1873. — Appartenant à M. Avgelin (T.), à la Chapelle-sous-Gerberoy (Oise).

925. — Fiston, étalon de trait percheron ; — taille : 1ᵐ,58, gris blanc, né en 1863. — Appartenant au Gouvernement français (dépôt d'étalons de Lamballe).

926. — Franc-Tireur, étalon de trait, percheron ; — taille : 1ᵐ,59, noir, né en 1873 — Appartenant à M. Fougeron (L.), à Breilly (Somme).

927. — Fritz, étalon de trait ; — taille : 1ᵐ,57, bai brun, né en 1872. — Appartenant à M. Mathieu (N.), à Noville-lez-Bâstogne, province de Luxembourg (Belgique).

928. — Gris, étalon de trait ; — taille : 1ᵐ,57, Cap-de-More, né en 1871. — Appartenant à M. Leroy (A.), à Dailly, province de Namur (Belgique).

929. — Hubert, étalon de trait ; — taille : 1ᵐ,60, bai brun, né en 1874. — Appartenant à M. Vanderschueren (E.), à Oultre, province de la Flandre orientale (Belgique).

930. — Ingrat, étalon de trait percheron ; — taille : 1ᵐ,63, gris blanc, né en 1864. — Appartenant au Gouvernement français (dépôt d'étalons de Lamballe).

931. — Jean-Baptiste, étalon de trait ; — taille : 1ᵐ,60, bai brun, né en 1868. — Appartenant à M. Vanderschueren (E.), à Oultre, province de la Flandre orientale (Belgique).

932. — Lally-Bai II, étalon de trait ; — son père, Lally-Bai ; sa mère, Margot ; — taille : 1ᵐ,61, bai brun, né à Saint-Pierre-lès-Calais (Pas-de-Calais) en 1871. — Appartenant à M. Roussey-Delplace, à Saint-Pierre-lès-Calais (Pas-de-Calais).

933. — Louis, étalon de trait ; — taille : 1ᵐ,62, alezan, né en 1873. — Appartenant à M. Mathieu (J.-B.), à Ellignies-Sainte-Anne, province de Hainaut (Belgique).

934. — Louis, étalon de trait ; — taille : 1ᵐ,58, noir, né en 1873. — Appartenant à M. Mathieu (N.), à Noville-lez-Bâstogne, province de Luxembourg (Belgique).

935. — Loyal, étalon de trait ; — son père, Propre-à-tout ; sa mère, Praticienne ; — taille : 1ᵐ,60, gris pommelé, né en France en 1874. — Appartenant à MM. Papin frères, à Heugleville-sur-Scie (Seine-Inférieure).

936. — Mouton, étalon de trait; — taille : 1ᵐ,53, bai brun, né en 1873. — Appartenant à M. Mathieu (L.), à Heinsch, province de Luxembourg (Belgique).

937. — Noirot, étalon de trait; — son père, Fidèle-au-Malheur ; sa mère, Suzon ; — taille : 1ᵐ,58, noir, né à Longavesnes (Somme) en 1872. — Appartenant à M. Salvé (M.), à Liéramont (Somme).

938. — **Pierrot**, étalon de trait; — taille : 1ᵐ,60, gris, né en 1872. — Appartenant à M. Neunez (M.), à Soignies, province de Hainaut (Belgique).

939. — **Pierrot**, étalon de trait; — taille: 1ᵐ,55, rouan, né en 1874. — Appartenant à M. Mathieu (N.), à Noville-lez-Bâstogne, province de Luxembourg (Belgique).

940. — **Ploughboy**, étalon de trait; — son père, Young Farmer; — taille : 1ᵐ,62, bai brun, né en Angleterre en 1871. — Appartenant à la Stand Siud Company, à Whitefield (Angleterre).

941. — **Pluton**, étalon de trait; — taille : 1ᵐ,60, noir, né en 1873. — Appartenant à M. Froc Numa, à Moisenay (Seine-et-Marne).

942. — **Prince**, étalon de trait; — taille : 1ᵐ,62, gris, né dans le Pas-de-Calais en 1872. Appartenant à M. Modesse Berquet, à Any-Martin Rieux (Aisne).

943. — **Prince Léopold**, étalon de trait, race Clydesdale; — son père, Prince Alfred; sa mère, Beauty; — taille : 1ᵐ,60, noir, né en Angleterre en 1874. — Appartenant à M. le major Chaffey (J.), à Prince-Hill (Angleterre).

944. — **Rob-Roy**, étalon de trait; — taille : 1ᵐ,62, gris aubère, né à Saint-Lô (Manche) en 1870. — Appartenant à M. le baron de Fourment, à Cercamp-les-Frévent (Pas-de-Calais).

945. — **Robuste**, étalon de trait; — son père, Robuste; sa mère, Coantic; — taille. 1ᵐ,61, bai brun, né à Pluzunet (Côtes-du-Ford) en 1867. — Appartenant à M. Le Coat (F.), à Plouaret (Côtes-du-Nord).

946. — **Solide**, étalon de trait; — son père, Illico; sa mère, Sophie; — taille: 1ᵐ,61, bai marron, né à Trouville (Calvados) en 1874. — Appartenant à M. Delaville (É.), à Bretteville-sur-Odon (Calvados).

947. — **Sultan**, étalon de trait; — son père, Mastoc; sa mère, Carée; — taille: 1ᵐ,62, noir, né en France en 1873. — Appartenant à M. Proust (J.), à Sainte-Blandine (Deux-Sèvres).

948. — **Taupe**, étalon de trait; — son père, La Fleur; sa mère, Cocotte; — taille: 1ᵐ,59, noir, né à Osmery (Cher) en 1874. — Appartenant à M. Danton (V.), à Osmery (Cher).

949. — **Thomas**, étalon de trait; — taille: 1ᵐ,62, gris, né en 1873. — Appartenant à M. Hannecart (J.), à Quévy-le-Grand, province de Hainaut (Belgique).

950. — **Turco**, étalon de trait; — taille : 1ᵐ,62, bai brun, né en Normandie en 1871. — Appartenant à M. Charlier, à Possesse (Marne).

951. — **Turenne**, étalon de trait; — taille : 1ᵐ,62, gris, né dans le Pas-de-Calais en 1871. — Appartenant à M. Modesse Berquet, à Any-Martin-Rieux (Aisne).

952. — **Vaillant**, étalon de trait; — son père, Orizabat; sa mère, Pauline; — taille : 1ᵐ,62, noir, ne à Montigny (Sarthe) en 1873. — Appartenant à M. Duccœur-joly (D.), à Brunelles (Eure-et-Loir).

953. — **Ventôse**, étalon de trait; — taille : 1ᵐ,58 blanc, né en France en 1866. — Appartenant au Gouvernement français (dépôt d'étalons de Lamballe).

954. — **Villette**, étalon de trait; — taille : 1ᵐ,60, gris pommelé, né en 1871. — Appartenant à la Compagnie générale des Omnibus, à Paris.

955. — **Young Tom**, étalon de trait; — son père, Honest Tom; sa mère, de race Clydesdale; — taille · 1ᵐ,61, bai, né en 1874. — Appartenant à M. Wilson (C.-W.), à High Park Kendal (Angleterre).

956. — **Rapide**, étalon de trait (race boulonnaise); — taille: 1ᵐ,61, né en 1870, gris pommelé blanc. — Appartenant au Gouvernement français (dépôt d'étalons de Compiègne.)

957. — **Ricquier,** étalon de trait; — taille : 1^m,62, gris pommelé, né en 1872. – Appartenant au Gouvernement français (dépôt d'étalons de Compiègne).

958. — **Sanghen,** étalon de trait; — taille : 1^m,65, gris. — Appartenant au Gouvernement français (dépôt d'étalons de Compiègne).

959. — **Sorrus,** étalon de trait; — taille : 1^m,65, né en 1871. — Appartenant au Gouvernement français (dépôt d'étalons de Compiègne).

32° CATEGORIE.

Juments de trait, âgées de 4 ans et au-dessus
(taille inférieure à 1^m,63).

960. — **Altesse,** jument de trait; — taille : 1^m,55, bai brun, née en 1873. — Appartenant à M. Tiberghien (P.), à Manage, province de Hainaut (Belgique).

961. — **Amazone,** jument de trait; — taille · 1^m,56, gris pommelé, née à Saint-Martin de Fraigneaux (Vendée) en 1872. — Appartenant au Comice agricole de Fontenay-le-Comte (Vendée).

962. — **Beauty,** jument de trait ; — taille : 1^m,62, baie, née en 1872. — Appartenant à la Stand Stud Company, à Whitefield (Angleterre).

963. — **Blanche,** jument de trait; — taille : 1^m,62, blanche, née en 1866. — Appartenant à M. Jasme (A.), à Petit-Rœulx-les-Nivelles, province de Hainaut (Belgique).

964. — **Brebis,** jument de trait percheronne; — taille . 1^m,51, gris truité, née en Bretagne en 1871. — Appartenant à M. Hévry (II.), à Erbrée (Ille-et-Vilaine).

965. — **Brune,** jument de trait; — son père, Ino; sa mère, par Soleil; — taille : 1^m,54, alezan brûlé, née à Saint-Pol-de-Léon (Finistère) en 1871. — Appartenant à M. Quéré (L.), à Saint-Pol-de-Léon (Finistère).

966. — **Caroline,** jument de trait; — taille : 1^m,57, gris aubère, née en 1872. — Appartenant à M. Jasme (A.), à Petit-Rœulx-lez-Nivelles, province de Hainaut (Belgique).

967. — **Catherine,** jument de trait; — taille : 1^m,59, bai brun, née en 1871. — Appartenant à M. Jasme (A.), à Petit-Rœulx-les-Nivelles, province de Hainaut (Belgique).

968. — **Charmante,** jument de trait; — taille : 1^m,61, aubère, née en 1869. — Appartenant à M, Varin d'Épensival, à Épense (Marne).

969. — **Charmante,** jument de trait; — taille : 1^m,62, gris rouanné foncé, née en 1874. — Appartenant à M. Moreau-Chaslon, à Paris, rue de Chazelles, 45.

970. — **Charmante,** jument de trait; — taille : 1^m,60, noire, née en 1872. Appartenant à la Compagnie générale des Omnibus, à Paris.

971. — **Clara,** jument de trait; — taille : 1^m,57, grise, née en 1874. — Appartenant à M. le comte de Brily (A.), au château de la Roche, par Gençay (Vienne).

972. — **Clettie,** jument de trait; — son père, Gobillard; sa mère, par Lieutenant; — taille : 1^m,54, rouan vineux, née à Plouénan (Finistère) en 1874. — Appartenant à M. Prigent (T.), à Plouénan (Finistère).

973. — **Cocotte,** jument de trait; — son père, Coco; sa mère Julie; — taille : 1^m,61, noire, née à la Chapelle-Vicomtesse (Loir-et-Cher) en 1873. Appartenant à M. de Saint-Maixent (F.), à Saint-Agil (Loir-et-Cher).

974. — **Comète,** jument de trait; — taille : 1^m,62, gris clair, née en 1871. — Appartenant à la Compagnie générale des Omnibus, à Paris.

975. — Coquette, jument de trait; — son père, Hercule; sa mère, Biche; — taille : 1^m,56, bai cerise, née à Buxereuilles (Haute-Marne) en 1872. — Appartenant à M. CLERC (M.), à Buxereuilles, commune de Chaumont (Haute-Marne).

976. — Créole, jument de trait; — taille : 1^m,60, noir mal teint; née à Chastang (Corrèze) en 1874. — Appartenant à la COMPAGNIE DES TRAMWAYS-SUD, à Paris.

977. — Darby, jument de trait; — son père, Cup Bearer: — taille : 1^m,62, alezane, née en Angleterre en 1872. — Appartenant à M. TOLLER (J.), à Blaxhall (Angleterre).

978. — Diablesse, jument de trait; — taille : 1^m,60, noir mal teint, née en Normandie en 1874. — Appartenant à la COMPAGNIE DES TRAMWAYS-SUD, à Paris.

979. — Fanny, jument de trait; — taille : 1^m,60, bai foncé, née en 1871. — Appartenant à M. WILSON (C.-W.), à High Park (Angleterre).

980. — Fanny, jument de trait; — taille . 1^m,57, rouane, née en 1873. — Appartenant à M. TIBERGHIEN (P.), à Manage, province de Hainaut (Belgique).

981. — Fermière, jument de trait; — taille : 1^m,60, gris pommelé foncé, née en 1873. — Appartenant à M. MOREAU CHASLON, à Paris, rue de Chazelles, 45.

982. — Follette, jument de trait; — son père, Anciot; sa mère, Follette; — taille : 1^m,53, alezane, née à Épensival (Marne) en 1872. — Appartenant à M. VARIN d'ÉPENSIVAL, à Épensival, commune d'Épense (Marne).

983. — Jeannette, jument de trait; — taille : 1^m,57, née en 1871. — Appartenant à M. CASTAIGNE (V.), à Hérinnes, province du Brabant (Belgique).

984. — Julie, jument de trait, percheronne; — taille : 1^m,60, gris blanc, née à Montdoubleau (Loir-et-Cher) en 1871. — Appartenant à M. LEBLOND (R.), à Montdoubleau (Loir-et-Cher).

985. — Kofa, jument de trait ; — son père, de race Norfolk; sa mère de race hongroise; — taille : 1^m,61, alezane, née à Nyitra en 1873. — Appartenant à la SOCIÉTÉ D'ÉLEVAGE DE CHEVAUX à Buda-Pesth (Hongrie).

986. — La Grise, jument de trait percheronne, — taille : 1^m,58, blanc pommelé, née en France en 1872. — Appartenant à M. ANGELIN (T.), à la Chapelle-sous-Gerberoy (Oise).

987. — Linotte, jument de trait percheronne; — taille : 1^m,61, gris étourneau, née dans le Perche en 1874. — Appartenant à la COMPAGNIE DES TRAMWAYS-SUD, à Paris.

988. — Louise, jument de trait; taille : 1^m,59, blanc moucheté, née en 1866. — Appartenant à M. JASME (A.), à Petit-Rœulx-les-Nivelles, province de Hainaut (Belgique).

989. — Louison Ire, jument de trait; — son père, Bon-Espoir; sa mère, Louise; — taille : 1^m,62, bai cerise, née à la Petite-Loge (Seine-et-Marne) en 1870. — Appartenant à M. MICHON (P.), à la Petite-Loge, commune de la Haute-Maison (Seine-et-Marne).

990. — Lucie, jument de trait; — son père, Aubriot; — taille : 1^m,54, alezan clair, née à Plounevez-Lochrist (Finistère) en 1871. — Appartenant à M. BIHAN (G.), à Plouénan (Finistère).

991. — Maggie, jument de trait; — taille : 1^m,60, baie, née en 1872. — Appartenant à M. WILSON (C.-W.), à High Park (Angleterre).

992. — Marguerite, jument de trait; — son père, Anciot; sa mère, Paquerette; — taille : 1^m,52, rouane, née à Épensival (Marne) en 1873. Appartenant à M. VARIN D'ÉPENSIVAL, à Épensival, commune d'Epense (Marne).

993. — Marie, jument de trait; — taille : 1^m,59, blanc moucheté, né en 1867.—Appartenant à M. Jasme (A.), à Petit-Rœulx-lez-Nivelles, province de Hainaut (Belgique).

994. — Mathilde, jument de trait;   taille · 1^m,59, gris aubère, née en 1872. — Appartenant à M. Jasme (A.), à Petit-Rœulx-lez-Nivelles, province de Hainaut (Belgique).

995. — Mignonne, jument de trait; — taille : 1^m,56, bai brûlé, née à Saint-Hilaire (Mayenne) en 1872. — Appartenant à M. Métairie (J.-B.), à Bois-Foucher, commune de Saint-Germain-le-Guillaume (Mayenne).

996. — Mouche, jument de trait; — taille : 1^m,50, gris pommelé, née en 1872. — Appartenant à M. Lambory (P.-F.), à Noville-lès-Bâstogne, province de Luxembourg (Belgique).

997. — Mouche, jument de trait;   taille : 1^m,56, bai brun, née en 1873. — Appartenant à M. Tiberghien (P.), à Manage, province de Hainaut (Belgique).

998. — Mouchette, jument de trait; — taille : 1^m,60, bai cerise, née en 1874. — Appartenant à M. Boulvin (A.), à Familleureux, province de Hainaut (Belgique).

999. — Mouton, jument de trait; — taille : 1^m,62, blanche, née à Marant (Pas-de-Calais) en 1869. — Appartenant à M. Delattre (C.-F.), à Marant (Pas-de-Calais).

1000. — Myra, jument de trait; — son père, Lincolnshire Lad; — taille : au-dessous de 1^m,63, née en 1874. — Appartenant à M. Drew (L.), à Merryton (Angleterre).

1001. — Pécharde, jument de trait percheronne; — taille : 1^m,62, aubère foncé, née dans le Perche en 1874. — Appartenant à la Compagnie des Tramways-Sud, à Paris.

1002. — Pelotte, jument de trait percheronne; — taille : 1^m,60, gris blanc, née a Souancé (Eure-et-Loir) en 1870. — Appartenant à M. Leguay (E.), à Nogent-le-Rotrou (Eure-et-Loir).

1003. — Plaisance, jument de trait; — taille : 1^m,60, gris pommelé, née en 1872. — Appartenant à la Compagnie générale des Omnibus, à Paris.

1004. — Poule, jument de trait; — son père, Solide; sa mère, Poule; — taille : 1^m60, gris noir, née à Essai (Orne) en 1874. — Appartenant à M. Mileau (A.), à Essai-aux-Genettes (Orne).

1005. — Poule, jument de trait; — taille : 1^m,50, bai brun, née en 1874. — Appartenant à M. Goffinet (J.), à l'Église, province de Luxembourg (Belgique).

1006. — Poulette, jument de trait; — taille : 1^m,54, bai brun, née en 1874. — Appartenant à M. Mathieu (N.), à Noville lès-Bâstogne, province de Luxembourg (Belgique).

1007. — Poppet, jument de trait; — taille : 1^m,57, bai brun, née en 1872. — Appartenant à MM. Stanford (E. et A.), à Ashurst (Angleterre).

1008. — Primel, jument de trait; — son père, Mogis; sa mère, Mamzel; — taille : 1^m,59, grise, née à Servel (Côtes-du-Nord) en 1867. — Appartenant à M. Le Flanchec (P.-M.), à Servel (Côtes-du-Nord).

1009. — Reine, jument de trait; — taille : 1^m,60, baie, née en 1871. — Appartenant à la Compagnie générale des Omnibus, à Paris.

1010. — Rosace, jument de trait; — taille : 1^m,64, gris pommelé, née en 1872. — Appartenant à la Compagnie générale des Omnibus, à Paris.

1011. — Rose, jument de trait; — taille : 1^m,57, bai cerise, née en 1873. — Appartenant à M. Bouvaert (E.), à Denderwindeke, province de la Flandre orientale (Belgique).

1012. — **Rosette,** jument de trait; — taille : 1^m,58, baie, née à Sermoise (Nièvre) en 1874. — Appartenant à M. Colas (L.), à Sermoise (Nièvre).

1013. — **Sara,** jument de trait; — taille : 1^m,59, bai cerise, née en 1871. — Appartenant à M. Haelterman (F.), à Appelterre, province de la Flandre orientale (Belgique).

1014. — **Sidonie,** jument de trait; — taille : 1^m,53, grise, née en 1866. — Appartenant à M. Jasue (A.), à Petit-Rœulx-lez-Nivelles, province de Hainaut (Belgique).

1015. — **Sophie,** jument de trait; — son père, Anciot; sa mère, Sophie; — taille : 1^m,52, aubère, née à Épensival (Marne) en 1873. — Appartenant à M. Varin d'Épensival, à Épensival, commune d'Épense (Marne).

1016. — **Sultane,** jument de trait; — taille : 1^m,59, blanche, née en 1870. — Appartenant à M. Tiberghien (P.), à Manage, province de Hainaut (Belgique).

1017. — **Thérèse,** jument de trait; — taille : 1^m,60, alezane, née en 1873. — Appartenant à M. Jasue (A.), à Petit-Rœulx-lez-Nivelles, province de Hainaut (Belgique).

1018. — **Venture,** jument de trait; — son père, Napoléon; sa mère, Diamond; — taille : 1^m,60, bai brun, née en Angleterre en 1871. — Appartenant à MM. Stanford (E. et A.), à Ashurst (Angleterre).

1019. — **Zoé,** jument de trait; — taille : 1^m,58, gris fer, née en 1869.— Appartenant à M. Jasue (A.), à Petit-Rœulx-lez-Nivelles, province de Hainaut (Belgique).

CATÉGORIE

non désignée dans les engagements, à déterminer
par le Comité d'installation.

1020. — **Aladin,** étalon pur sang arabe; — son père, Aliétmèz; sa mère, Strelka; bai doré, né en Russie en 1872.—Appartenant à S. A. I. LE GRAND-DUC NICOLAS DE RUSSIE.

1021. — **Baskak,** étalon pur sang arabe; — son père, Bravo; sa mère, Sassa; — né en Russie en 1875. — Appartenant à S. A. I. LE GRAND-DUC NICOLAS DE RUSSIE.

1022. — **Roustchuk,** étalon pur sang arabe; — son père, Ray; sa mère, Mekka; — gris, né en Russie en 1870. — Appartenant à S. A. I. LE GRAND-DUC NICOLAS DE RUSSIE.

1023. — **Drouze,** étalon oriental; — son père, Djane; sa mère, Baboura; — bai brun, né en Russie en 1867. — Appartenant à S. A. I. LE GRAND-DUC NICOLAS DE RUSSIE.

1024. — **Hamid,** étalon oriental; — son père, Hamid; sa mère, Kéglan; — alezan doré, né en Russie en 1874. — Appartenant à S. A. I. LE GRAND-DUC NICOLAS DE RUSSIE.

1025. — **Abricos,** étalon anglo-arabe; — son père, Argamak; sa mère, Kázarka, — gris, né en Russie en 1874. — Appartenant à S. A. I. LE GRAND-DUC NICOLAS DE RUSSIE.

1026. — **Prok,** étalon trotteur Orloff; — son père, Prigojy-Orloff; sa mère, Lubimitza; — gris foncé, né en Russie en 1873. — Appartenant à S. A. I. LE GRAND-DUC NICOLAS DE RUSSIE.

1027. — **Vajny,** étalon trotteur Orloff; — son père, Visapour; sa mère, Borona; — gris foncé, né en Russie en 1874. — Appartenant à S. A. I. LE GRAND-DUC NICOLAS DE RUSSIE.

1028. — Zoukat, étalon trotteur Orloff; — son père, Tzar-Kandavl; sa mère, Mar nowska; — gris foncé, né en Russie en 1872. — Appartenant à S. A. I. LE GRAN DUC NICOLAS DE RUSSIE.

1029. — Dante, étalon demi-sang; — son père, Dorogoy-Sopérnick; sa mère, Flora; — bai brun, né en Russie en 1874. — Appartenant à S. A. I. LE GRAND-DUC NICOL DE RUSSIE.

1030. — Maklak, étalon demi-sang; — son père, Mirza; sa mère, Roulette; — gri né en Russie en 1874. — Appartenant à S. A. I. LE GRAND-DUC NICOLAS D RUSSIE.

1031. — Vandale, étalon demi-sang; — son père, Sapor; sa mère, Gliba; — bai, né e Russie en 1875. — Appartenant à S. A. I. LE GRAND-DUC NICOLAS DE RUSSIE.

1032. — Okoune, étalon; — son père, Omar-Bakhry; sa mère, Méduse; — gris, n en Russie en 1874. — Appartenant à S. A. I. LE GRAND-DUC NICOLAS DE RUSSI

1033. — Svirépy, étalon; — son père, Scipion; sa mère, Tchadra; — alezan doré, n en Russie en 1872. — Appartenant à S. A. I. LE GRAND-DUC NICOLAS DE RUSSI

1034. — Titan, étalon; — son père, Terter-Sayrak; sa mère, Malania; — gris, né e Russie en 1875. — Appartenant à S. A. I. LE GRAND-DUC NICOLAS DE RUSSIE.

1035. — Barkhatmy, étalon trotteur Orloff; — son père, Baraban; sa mère, Méla — né en Russie en 1874. — Appartenant à S. A. I. LE GRAND-DUC NICOLAS D RUSSIE.

1036. — Tcharodey, étalon trotteur; — son père, Tchougounnyi; sa mère, Tchistaya — né en Russie en 1873. — Appartenant à S. A. I. LE GRAND-DUC NICOLAS D RUSSIE.

ESPÈCE ASINE.

33ᵉ CATEGORIE.

Baudets étalons âgés de 4 ans et au-dessus, nés et élevés à l'étranger.

1037. — **Fond,** baudet étalon; — taille : 1ᵐ,53, noir, né en Espagne en 1873. — Appartenant à M. Tajan (É.), à Molas (Haute-Garonne).

34ᵉ CATÉGORIE.

Anesses âgées de 4 ans et au-dessus, nées et élevées à l'étranger.

NÉANT.

35ᵉ CATEGORIE.

Baudets étalons âgés de 4 ans et au-dessus, nés et élevés en France et appartenant à la race du Poitou.

1038. — **Caillaux,** baudet étalon; — son père, Lagarde; — taille : 1ᵐ,48, bai châtain, né à Forge-de-Turgon (Charente) en 1873. — Appartenant à M. Martin (P.), à Caunay (Deux-Sèvres).

1039. — **Charmant,** baudet étalon; — son père, Incomparable; sa mère, Martine; — taille : 1ᵐ,45, bai ardoise, né à Cherveux (Deux-Sèvres) en 1870. — Appartenant à M. Sagot (F.), à Échiré (Deux-Sèvres).

1040. — **Fichet,** baudet étalon; — taille : 1ᵐ,54, noir, né à Sèvres, près Saint-Maixent (Deux-Sèvres), en 1870. — Appartenant à M. Chadeau (L.), à Martigny, commune d'Aiffies (Deux-Sèvres).

1041. — **Fourpretout,** baudet étalon; — son père, Royal; — taille : 1ᵐ,48, noir mal teint, né à Saint-Martin-de-Fraigneaux (Vendée) en 1874. — Appartenant au Comice de Fontenay-le-Comte (Vendée).

1042. — **Fringant,** baudet étalon; — taille : 1ᵐ,50, noir, né à Melle (Deux-Sèvres) en 1873. — Appartenant à M. Vergnault (J.), au Leuf, commune de Saint-Christophe-sur-Roi (Deux-Sèvres).

1043. — **La Fleur,** baudet étalon; — taille : 1ᵐ,54, noir mal teint, né dans les Deux-Sèvres en 1872 — Appartenant au Comice de Fontenay-le-Comte (Vendée).

1044. — **Le Vaillant,** baudet étalon; — son père, le Bossu; — taille : 1ᵐ,52, b[...]
brun, né en France en 1874. — Appartenant à M. Proust (J.), au Courtei[...]
de-Sainte-Blandine (Deux-Sèvres).

1045. — **Poitou,** baudet étalon; — son père, Conquérant; — né en France en 187[...]
Appartenant à M. Proust (J.), au Courteil-de-Sainte-Blandine (Deux-Sèvres[...]

36ᵉ CATEGORIE.

Anesses âgées de 4 ans et au-dessus, nées et élevées en France et appartenant à la race du Poitou.

1046. — **Alison,** ânesse; née en 1873.— Appartenant à M. le comte A. DE BRILY, a[...]
château de la Roche, par Gençay (Vienne).

1047. — **Cateau,** ânesse; — taille : 1ᵐ,45, née à Saint-Martin-de-Fraigneaux (Vendée[...]
en 1873. Appartenant au COMICE DE FONTENAY-LE-COMTE (Vendée)

1048. — **Junon,** ânesse; — son père, Garibaldi; — taille. 1ᵐ, 48, bai brun, née [...]
Saint Martin en 1874. — Appartenant à M. Proust (J.), au Courteil-de-Sainte[...]
Blandine (Deux-Sèvres).

1049. — **Martine,** ânesse; — taille : 1ᵐ,40, bai ardoise, née à Lavault, près Mell[...]
(Deux-Sèvres), en 1874.— Appartenant à M. Sagot (F.), à Échiré (Deux-Sèvres[...]

1050. — **Souveraine,** ânesse;— son père, Vaillant; sa mère, Cocote; — taille : 1ᵐ,50[...]
noire, née à Lavault (Deux-Sèvres) en 1871. — Appartenant à M. Nocquet (L.)[...]
à Lavault, commune de Saint-Martin-lez-Melle (Deux-Sèvres)

37ᵉ CATÉGORIE.

Baudets étalons âgés de 4 ans et au-dessus, nés et élevés en France et appartenant à la race de la Gascogne et des Pyrénées.

NÉANT.

38ᵉ CATEGORIE.

Anesses âgées de 4 ans et au-dessus, nées et élevées en France et appartenant à la race de la Gascogne et des Pyrénées.

NÉANT.

ANIMAUX HORS CONCOURS.

1051. — Une dauw femelle (equus Burchelli) nommée **Biche;** — taille : 1ᵐ,15, zébrée, née à Anvers (Belgique) en 1875. — Appartenant au Jardin d'acclimatation.

1052. — Une mule nommée **Catherine;** — taille : 1ᵐ,27, grise, née en Algérie en 1867. — Appartenant au Jardin d'acclimatation.

1053. — Un hybride d'âne et de dauw nommé **Fatma,** par un âne blanc d'Égypte et Marianne, dauw (equus Burchelli); — taille : 1ᵐ,20, gris, zébré incomplétement, né au Jardin d'acclimatation en 1875 — Appartenant au Jardin d'acclimatation.

1054. — Un produit de mule nommé **Hippone,** issu de l'étalon Caïd, cheval barbe, et de la mule Catherine; — taille : 1ᵐ,40, gris fer, né au Jardin d'acclimatation en 1875. — Appartenant au Jardin d'acclimatation.

1055. — Une dauw femelle (equus Burchelli) nommée **Marquise;** — taille : 1ᵐ,19, zébrée, née au cap de Bonne-Espérance en 1872. — Appartenant au Jardin d'acclimatation.

1056. — Un hybride de cheval et de dauw nommé **Neptune;** — son père, Robinson, poney siamois; sa mère, Manette, dauw (equus Burchelli); — né au Jardin d'acclimatation en 1876. — Appartenant au Jardin d'acclimatation.

1057. — Un produit de mule nomme **Salem,** par un âne d'Égypte et la mule Catherine; — taille : 1ᵐ,26, gris rouan, né au Jardin d'acclimatation en 1875. — Appartenant au Jardin d'acclimatation.

1058. — Dauw (equus Burchelli) nommé **Tigre;** — taille : 1ᵐ,18, zébré régulièrement, né au cap de Bonne-Espérance. — Appartenant au Jardin d'acclimatation.